Table of Contents

This cookbook is for various oven models.
Some special features may not be applicable to your oven.
These features are marked with an asterisk (∗).

Table des matières

Ce livre de recettes a été conçu pour plusieurs fours micro-ondes.
Certaines caractéristiques ne s'appliquent pas à tous les fours.
Les caractéristiques spéciales portent un astérisque (∗).

Introduction

Cooking with microwave energy

Microwaves are a form of high frequency radio waves similar to those used by a radio including AM, FM, and CB. They are, however, much shorter than radio waves; approximately 10 to 15 cm long (4 to 6-inches). Electricity is converted to microwave energy by the magnetron tube. From the magnetron tube, microwave energy is transmitted to the oven cavity where it is: reflected, transmitted or absorbed.

Reflection

Microwaves are reflected by metal similar to the way a ball would bounce off a wall. Most metal cookware and utensils are not recommended for microwave cooking, since they would produce uneven cooking. Also, if a metal dish is placed close to the oven wall, (which is also metal), arcing (bluish sparks) could occur. Arcing can damage an oven or cause a fire.

Transmission

Microwaves pass through some materials such as paper, glass and plastic much like sunlight shining through a window. Because these substances do not absorb or reflect the microwave energy, they are ideal materials for microwave cooking containers. However, they will get hot during cooking, because as food cooks, heat is conducted from the food to the dish.

Absorption

Microwaves are absorbed by food. They penetrate to a depth of about 2 to 4 cm (¾ to 1½ inches). Microwave energy excites the molecules in the food (especially water, fat and sugar molecules), and causes them to vibrate very quickly. The vibration causes friction and heat is produced. In large items, the heat which is produced by friction is conducted to the center to finish cooking the food.

Recipe preparation and techniques

There are a few basic rules to be remembered when preparing recipes from this cookbook: All ingredients are taken from their normal storage place. Milk, meat, eggs and butter are at refrigerator temperature. Canned goods are at room temperature. Recipes using canned ingredients include the liquid unless specified DRAINED. Other facts to remember:
- Flour is all-purpose unless another type such as whole wheat is specified.
- Milk is homogenized whole milk.
- Sugar is granulated white sugar.
- Brown sugar may be light or dark, but should be measured packed.
- Eggs are Grade A large.
- Amounts given are in level measures.
- Use metric or imperial measure; do not cross over within a recipe.

Introduction

La cuisson micro-ondes

Les micro-ondes représentent une forme d'énergie haute fréquence semblable à celle des ondes radio (AM, FM et CB). Beaucoup plus courtes que ces dernières, elles mesurent 10 à 15 cm (4 à 6 po) de long. Émises par un tube magnétron, les micro-ondes sont réfléchies, transmises et absorbées par les aliments.

Réflexion

Les micro-ondes sont réfléchies par le métal, tout comme un ballon rebondit sur un mur. Voilà pourquoi la plupart des ustensiles en métal ne sont pas recommandés, car ils empêchent une cuisson uniforme. De plus, si un plat en métal était placé trop près des parois métalliques du four, il y aurait risque d'une amorce d'arc électrique, ce qui pourrait endommager le four ou occasionner un incendie.

Transmission

Les micro-ondes traversent certains matériaux, tels que le papier, le verre et le plastique, tout comme les rayons du soleil passent à travers la vitre. Du fait que ces substances n'absorbent ni ne réfléchissent les micro-ondes, ces dernières ne subissent aucune modification de parcours. C'est pourquoi ces matériaux conviennent le mieux à la cuisson micro-ondes. Toutefois, si la cuisson est prolongée, le récipient peut devenir chaud par la chaleur provenant de l'aliment.

Absorption

Les micro-ondes pénètrent les aliments d'environ 2 à 4 cm (¾ à 1½ po) sur toute leur surface et sont absorbées. Lorsqu'elles entrent en contact avec l'humidité, le gras ou le sucre, elles en provoquent la vibration des molécules. Cette vibration entraîne la friction des molécules qui, à son tour, engendre la chaleur nécessaire à la cuisson des aliments. Ensuite, la cuisson interne se poursuit par conduction vers le centre.

Préparation des recettes et techniques de cuisson

Voici quelques conseils concernant la préparation des recettes de ce livre. Tous les ingrédients sont utilisés à partir de leur température de conservation. Le lait, la viande, les œufs et le beurre sont à la température du réfrigérateur; les conserves sont à la température de la pièce. Les recettes qui mentionnent des ingrédients en conserve utilisent également leur jus, sauf s'il est clairement indiqué d'égoutter. En outre:
- La farine est tout-usage sauf indication contraire (farine de blé entier).
- Le lait est homogénéisé et entier.
- Le sucre est blanc granulé.
- La cassonade peut être pâle ou foncée, mais doit être tassée.
- Les œufs sont gros, de catégorie A.
- Les quantités indiquées sont des mesures rases.
- Au cours de la préparation d'une même recette, mesurer les quantités en utilisant soit le système métrique soit le système impérial. Ne pas passer d'un système à l'autre.

Food characteristics and their effects on microwave cooking

Bone and fat
Both bone and fat affect cooking. Bones may cause irregular cooking. Meat next to the tips of bones may overcook, while meat positioned under a large bone, such as a ham bone, may be undercooked. Large amounts of fat absorb microwave energy and the meat next to these areas may overcook.

Density
Porous, airy foods such as breads, cakes or rolls take less time to cook than heavy, dense foods such as potatoes or roasts.

Quantity
Two potatoes take twice as long as one potato. As the quantity of the food increases so does the cooking time.

Shape
Uniform sizes heat more evenly. The thin end of a drumstick will cook more quickly than the meaty end. To compensate for irregular shapes, place thin parts toward the center of the dish and thick pieces toward the edge.

Size
Small or thin pieces cook quicker than large or thick pieces.

Starting temperature
Foods that are at room temperature take less time to cook than if they are at refrigerator temperature or frozen.

Cooking techniques

Arrangement
Individual foods, such as baked potatoes, will cook more evenly if spaced evenly in the oven. When possible, arrange foods in a circular pattern. Foods should not be overlapped. Arrange irregularly shaped meat and fish with thin ends toward the center of the dish and thick ends toward the edge.

Browning
To improve appearance, meat and poultry may be coated with a mixture of browning sauce and butter, Worcestershire sauce, Kitchen Bouquet or barbecue sauce. To use, simply brush on one of these sauces before cooking. Spices, such as paprika and celery salt also add colour and flavour.

Stand time
Most foods will continue to cook by conduction after microwave cooking. In meat cookery, the internal temperature will rise 3°C to 8°C (5°F to 15°F) if allowed to stand, covered, for 10 to 15 minutes. Casseroles and vegetables need a shorter stand time, but it is necessary to allow foods to stand to complete cooking in the center without overcooking on the edges.

Caractéristiques des aliments et leurs effets sur la cuisson micro-ondes

Os et matières grasses
Les deux affectent la cuisson. Les os conduisent irrégulièrement la chaleur. Il peut avoir surcuisson de la viande qui entoure l'extrémité d'un gros os, tandis que celle qui est placée sous un gros os, tel un jambon, peut ne pas être tout à fait cuite. Les matières grasses absorbent plus rapidement les micro-ondes et risquent d'engendrer une surcuisson des viandes.

Densité
Les aliments poreux comme le pain et les gâteaux, cuisent plus rapidement que les aliments compacts et lourds, tels que les pommes de terre et les rôtis.

Quantité
Il faut deux fois plus de temps pour cuire deux pommes de terre qu'une seule. Ainsi, la durée de cuisson augmente selon la quantité.

Forme
Les aliments de même forme cuisent plus uniformément. L'extrémité fine d'une cuisse de poulet cuit donc plus vite que le gros bout. Compenser les différences de forme des aliments en plaçant les parties minces au centre et les grosses vers l'extérieur.

Dimensions
Les petites portions cuisent plus rapidement que les grosses.

Température de départ
Les aliments chambrés prennent moins de temps à cuire que ceux qui sortent du réfrigérateur ou du congélateur.

Techniques de cuisson

Disposition
Les aliments entiers, tels que les pommes de terre, cuiront plus uniformément s'ils sont placés à une distance égale les uns des autres. Les disposer en cercle dans la mesure du possible. Les aliments ne doivent pas être empilés les uns sur les autres. Dans un plat de cuisson, compenser les différences de forme de viandes et poissons en plaçant, les parties charnues vers l'extérieur.

Apparence
Pour améliorer l'apparence, badigeonner viandes et volailles de sauce à brunir, de sauce Worcestershire, de sauce "Kitchen Bouquet" ou de sauce barbecue avant la cuisson. Des épices, comme le paprika et le sel de céleri ajoutent de la couleur et de la saveur.

Attente
La plupart des aliments continuent à cuire par conduction après l'arrêt de l'émission des micro-ondes. Pour les viandes, la température interne s'élève de 3°C à 8°C (5°F à 15°F) si l'aliment est couvert pendant 10 à 15 minutes avant le service. La durée d'attente est plus courte pour les plats cuisinés et les légumes, mais elle est nécessaire pour compléter la cuisson au centre sans que l'extérieur ne soit trop cuit.

Stirring

Stirring is necessary during microwave cooking. We describe the amount of stirring necessary by using the words once, twice, frequently or occasionally. Should you feel it necessary, more frequent stirring may be done.

Testing for doneness

The same test for doneness used in conventional cooking may be used for microwave cooking. Chicken is done when juices are clear yellow and drumstick moves freely. Meat is done when fork-tender or splits at fibers. Fish is done when it flakes and is opaque. Cakes will pull away from the edge of the dish.

Timing

Charts and recipes give a range in cooking time. This time range compensates for the uncontrollable differences in food shapes, starting temperature and regional preferences. Always cook food for the minimum cooking time given and check for doneness. If the food is undercooked, it is easy to add time. If the food is overcooked, nothing can be done. With foods having a long stand time, check for doneness after stand time.

Turning

It is not possible to stir some foods to redistribute the heat. At times, microwave energy will concentrate in one area of a food. To help insure even cooking, some foods need to be turned over once, halfway through cooking. The dish may also be turned, one quarter turn.

Covering

As with conventional cooking, moisture evaporates during microwave cooking. Casserole lids or plastic wrap are used for a tighter seal. When using plastic wrap, vent it by folding back part of the plastic wrap from the edge of the dish. Various degrees of moisture retention are also obtained by using waxed paper or paper towels. Unless specified, a recipe is cooked uncovered.

Piercing

Foods with skins or membranes need to be pierced to allow steam to escape and prevent bursting. Pierce whole egg yolks and whites, clams, oysters, chicken livers, whole vegetables and fresh or breakfast sausage. Score wieners and Polish sausage.

Rearranging

Rearrange small items such as chicken pieces, shrimp, or hamburger patties by moving pieces from the edge of the dish to the center and pieces from the center of the dish to the edge.

Shielding

The corners of square dishes, ends of oblong pans, thin areas of meat and poultry cook more quickly than meaty portions. To prevent overcooking, these thin areas can be shielded with strips of aluminum foil. Wooden toothpicks may be used to hold the foil in place. Keep pieces of foil more than 2 cm (¾") apart and away from oven walls.

Mélange

Habituellement, il est nécessaire de remuer les aliments durant la cuisson. Les recettes en indiquent la fréquence. Si désiré, la fréquence peut être augmentée.

Vérification de la cuisson

La vérification de la cuisson des aliments préparés au four micro-ondes s'effectue de la même manière que pour ceux préparés dans un four conventionnel. Le poulet est cuit lorsque le jus est jaune et clair et que le pilon bouge facilement. La viande est cuite lorsqu'elle est tendre sous la fourchette et que les fibres s'en séparent. Le poisson est cuit lorsqu'il devient opaque et s'effrite facilement. Les gâteaux sont cuits lorsqu'ils se détachent des parois du moule.

Minuterie

La durée de cuisson donnée pour chaque recette a pour but de compenser les différences de forme et la température de départ des aliments, de même que les préférences régionales. Suivre les durées minimales exprimées dans les recettes et vérifier le degré de cuisson à la fin de la période programmée. Cuire plus longtemps, si nécessaire. Il est toujours plus facile de prolonger la cuisson d'un aliment, alors qu'il n'y a pas grand remède à apporter à des aliments trop cuits. Pour les aliments avec une longue durée d'attente, vérifier le degré de cuisson après la période d'attente.

Retourner les aliments

Il n'est pas toujours possible de remuer certains aliments pour redistribuer la chaleur qui parfois peut se concentrer en un seul point. Dans un tel cas, l'aliment doit être retourné une fois à mi-cuisson. On peut également tourner le plat de cuisson d'un quart de tour.

Couvercle

Tout comme durant la cuisson conventionnelle, l'humidité s'évapore dans un four micro-ondes. Les couvercles de faitout ou la pellicule plastique assurent une excellente étanchéité. Varier cette étanchéité en repliant une partie de la pellicule plastique sur le pourtour du plat. Dans certain cas, du papier ciré ou du papier essuie-tout est utilisé. Sauf indication du contraire, la cuisson se fait à découvert.

Perçage

Il est toujours possible que la vapeur bâtisse une pression sous la peau, la pelure ou la membrane de certains aliments. Il est donc recommandé de percer le jaune et le blanc d'œuf, les huîtres et les palourdes, le foie, les légumes entiers et les saucisses fraîches. Fendre les saucisses fumées et le saucisson polonais.

Redisposition

Les aliments de petite taille, tels que les hamburgers, les morceaux de poulet, les crevettes et les côtelettes, doivent être redisposés du centre du plat vers l'extérieur et vice versa, afin d'assurer une meilleure répartition de la chaleur.

Protection

Les coins des plats carrés, les bouts des plats oblongs, les parties minces de la viande et de la volaille cuisent plus rapidement. Afin de prévenir une surcuisson, protéger ces parties plus minces d'une feuille de papier d'aluminium. Fixer cette dernière avec des cure-dents en bois. Laisser un espace de 2 cm (¾ po) entre les morceaux de papier d'aluminium et entre les plats et les parois.

4

Cookware guide

Item	Use	Comments
Aluminum foil	Shielding	Small strips of foil can be molded around thin parts of meat or poultry to prevent overcooking. Arcing can occur if foil is too close to oven wall.
Browning dish	Searing meats	Check browning dish information for instructions and heating chart. Do not preheat for more than 6 minutes.
Paper bags	None	May cause a fire in oven.
Dinnerware Microwave safe, only	Reheating and short term cooking	Check manufacturer's use and care directions for suitability for microwave heating. Some dinnerware may state on the back of the dish, ''Microwave-Oven Proof''. Do not use cracked or chipped dishes.
Disposable ovenable paperboard dishes	Cooking	Some frozen foods are packaged in these pans. Can be purchased in grocery stores.
Fast food carton with metal handle	None	May cause arcing.
Frozen dinner tray Aluminum	Reheating	Frozen dinners may be heated in the foil tray, if tray is less than 2 cm (¾-inch) high. Place foil tray in center of oven. Leave at least 2.5 cm (1-inch) space between foil tray and oven walls. Heat only 1 foil tray in the oven at a time. For containers more than 2 cm (¾-inch) deep, remove food and place in a similar size microwave-safe container.
Plastic	Reheating	Some frozen dinners have microwave-safe plastic trays.
Glass jars	Warming	Remove lid. Heat food until just warm. Many glass jars are not heat resistant and may break.
Glassware Heat resistant oven glassware, glass-ceramic and ceramic, only	Cooking	Ideal for microwave cooking. May have many pieces available in your home. Do not use cracked or chipped dishes.
Metal twist ties	None	They may cause arcing and could cause a fire in the oven.
Oven cooking bags	Cooking	Follow manufacturer's directions. Close bag with either the nylon tie provided, a strip cut from the end of the bag, or a piece of cotton string. Do not close with metal twist tie. Make six 1 cm (½-inch) slits by closure.
Paper plates and cups	Reheating and short term cooking	Use to warm cooked foods and cook foods that require short cooking times such as wieners.
Paper towels and napkins	Reheating and cooking	Use to warm rolls and sandwiches. Use with supervision for a limited time only. Never use recycled paper.
Plastic Microwave safe, only cookware and storage dishes	Cooking	Should be labeled, ''Suitable for microwave heating''. Check manufacturer's directions for recommended uses. Some microwave-safe plastic dishes are not suitable for cooking foods with high fat content.
Plastic wrap	Cooking	Use to cover foods during cooking to retain moisture.
Styrofoam cups	Reheating	Use to bring foods to a low serving temperature. Styrofoam will melt if foods reach a high temperature.
Thermometers Microwave safe, only	Cooking	Meat and candy thermometers are available.
Waxed paper/Parchment paper	Cooking	Use as a cover to prevent spattering and to retain moisture.

To test a porcelain container for safe microwave oven use: Fill a 250 mL (8 oz) glass measure with water and place it in the microwave oven along with the container to be tested; heat one minute at **HIGH**. If the container is microwave oven safe, it should remain comfortably cool and the water should be hot. If the container is hot, it has absorbed some microwave energy and should not be used. This test cannot be used for plastic containers.

Ustensiles de cuisson

Article	Usage	Commentaires
Papier d'aluminium	Protection	Recouvrir les parties minces des pièces de viande et de la volaille de petits morceaux, afin de prévenir la surcuisson. Éloigner des parois afin de prévenir l'amorce d'étincelles.
Plat à brunir	Saisir la viande	Consulter le mode d'emploi du plat à brunir. Ne pas préchauffer pendant plus de 8 minutes.
Sac en papier	Aucun	Constitue un risque d'incendie.
Vaisselle allant au four micro-ondes	Réchauffage et cuisson brève	Lire les directives du fabricant avant d'utiliser. Certains ustensiles sont identifiés ''Pour four micro-ondes''.
Contenant en papier plastifié	Cuisson	Certains aliments surgelés sont emballés dans ce type de contenant, également vendu en magasin.
Récipient d'aliments précuits, avec poignée en métal	Aucun	Peut provoquer l'amorce d'étincelles.
Plateau de repas surgelés en aluminium	Réchauffage	Les repas surgelés peuvent se réchauffer dans le récipient si sa profondeur n'excède pas 2 cm (¾ po). Le centrer (au moins 2,5 cm (1 po) des parois du four). Chauffer un repas à la fois. Si le récipient excède 2 cm (¾ po) de profondeur, transférer les aliments dans un récipient allant au four micro-ondes.
en plastique	Réchauffage	Certains mets surgelés sont offerts dans des récipients en plastique allant au four micro-ondes.
Pot en verre	Réchauffage	Enlever le couvercle. Réchauffer jusqu'à ce que l'aliment soit tiède, mais pas davantage. La plupart de ces pots ne résistent pas à la chaleur et peuvent éclater.
Verre, céramique de verre et porcelaine résistant à la chaleur	Cuisson	Idéal pour la cuisson micro-ondes. Votre cuisine en contient déjà probablement plusieurs pièces.
Attache métallique	Aucun	Risque de formation d'étincelles et d'incendie.
Sac de cuisson	Cuisson	Procéder selon les directives du fabricant. Fermer à l'aide de l'attache en nylon incluse, d'une bande découpée du sac ou d'une ficelle. Éviter les attaches en métal. Percer six fentes de 1 cm (½ po) dans le haut du sac.
Assiettes et tasses en carton	Réchauffage et cuisson brève	Sert à réchauffer les aliments et à la cuisson de courte durée comme celle des saucisses fumées.
Essuie-tout et serviette en papier	Réchauffage et cuisson	Sert à réchauffer les pains et les sandwiches. Ne pas utiliser durant une période prolongée ni sans surveillance. Ne pas utiliser de papier recyclé.
Plastique Vaisselle et assiette pour four micro-ondes	Cuisson	Doit être identifié ''Pour four micro-ondes''. Procéder selon les directives du fabricant. Certains récipients en plastique ne conviennent pas à la cuisson des aliments à haute teneur en gras.
Feuille de plastique	Cuisson	Sert à couvrir les aliments afin de maintenir l'humidité à l'intérieur.
Verre en mousse de polystyrène (''styrofoam'')	Réchauffage	Sert à amener l'aliment à une basse température de service. Peut fondre si la température est élevée.
Thermomètre pour four micro-ondes	Cuisson	Certains thermomètres sont conçus pour les viandes, d'autres pour les bonbons.
Papier ciré/Parchemin	Cuisson	S'utilise pour couvrir l'aliment, prévenir les éclaboussures et maintenir l'humidité à l'intérieur du récipient.

Pour vérifier si un récipient peut aller au four micro-ondes: Remplir une tasse à mesurer [250 mL (8 oz)] d'eau et la déposer dans le four avec le récipient à tester. Chauffer une minute à **"HIGH"**. Si le contenant est demeuré à la température ambiante alors que l'eau est chaude, il peut être utilisé dans un four micro-ondes. S'il a chauffé, cela veut dire qu'il a absorbé des micro-ondes, auquel cas il ne doit pas être utilisé pour ce mode de cuisson. Ne pas utiliser ce test si le récipient est en plastique.

Microwave Cooking Lesson

In order to cook all the items for one meal in your microwave, plan your menu. It is wise to choose foods that sequence easily as well as have good variety for nutritional value, colour and flavour. Look at the recipes to determine which foods have the longest cooking and standing time. Foods that are served cold can be made well in advance of the meal. You may also use conventional systems such as pan frying or oven roasting to cook some foods. The choice is yours. Here is a sample dinner menu using recipes from the cookbook.

Hurry Curry Chicken   p.37
Potatoes in their skins   p.62
Sesame, Broccoli & Cauliflower   p.66
Green Salad
Mini Cheesecakes   p.74

1. Prepare the cheesecakes early in the day or the day before.
2. Everything will happen fast so do as much washing, peeling, chopping and measuring as possible at the beginning.
3. Consider making the salad before cooking.
4. Choose potatoes of the same size. (pages 3–5) One medium-sized potato takes 3 minutes, two would take 6 minutes and four potatoes need 12 minutes at HIGH power. When the time is up they should just feel soft to the touch. Place them in a covered bowl or wrap them in a clean towel to finish cooking. They will stand 10–20 minutes.
5. Place chicken pieces in an oblong dish with the thick parts around the edge. Mix up the sauce and pour over chicken. Cover to prevent spattering and keep in heat. Set HIGH for 15 minutes. Check cooking after 10 minutes and turn over pieces. When time is up pieces should be steaming hot, meat loose on the bone and juices run clear when cut. More time can be added. Keep chicken covered while it stands on the counter.
6. First toast the sesame seeds in a heat-resistant glass or Corningware dish. Oil may reach a high enough temperature to melt some plastics, even though they are labelled "microwave safe". Watch the sesame seeds as they can turn brown in less than the recommended time.
7. Add the vegetables and finally pour on the sauce, stirring to coat everything. Cover with a lid (or plastic wrap). Stir after 3 minutes of cooking and test for doneness at 5 minutes.
8. Everything should be ready to serve at this point; however, should it not be, reheat the potatoes with the chicken on HIGH for about 3 minutes. Carefully, feel the underside of the dish to determine if the food is hot. The vegetables should reheat at HIGH for 1 minute.

Leçon de cuisson micro-ondes

Planifier votre menu afin de pouvoir cuire tous les aliments d'un repas dans votre four micro-ondes. Il est préférable de choisir des aliments qui peuvent se cuire en séquence tout en offrant un choix de valeurs nutritives, couleurs et saveurs. Prendre en considération les recettes demandant une longue durée de cuisson et d'attente. Les plats qui doivent être servis froids peuvent être préparés à l'avance. Si désiré, certains aliments peuvent être cuits dans une poêle à frire ou une rôtisserie. Voici un exemple de menu avec des recettes choisies dans ce livre.

Poulet minute au cari   p.37
Pommes de terre au four   p.64
Brocoli, choux-fleur et graines de sésame   p.66
Salade verte
Gâteaux au fromage individuels   p.74

1. Préparer les gâteaux au fromage à l'avance.
2. Avant de commencer la cuisson, faire une mise en place. Laver, peler, émincer et mesurer le plus d'ingrédient possible.
3. La salade peut également être préparée à l'avance.
4. Choisir des pommes de terre de même grosseur (page 3–5). À intensité élevée (HIGH), prévoir 3 minutes pour une pomme de terre, 6 minutes pour deux et 12 minutes pour quatre. Après la cuisson, elles devraient être tendres au toucher. Les déposer dans un bol et couvrir ou les envelopper dans un linge propre pour finir la cuisson. La période d'attente est d'environ 10 à 20 minutes.
5. Dans un plat rectangulaire, disposer le poulet en plaçant les parties charnues vers l'extérieur. Mélanger la sauce et verser sur le poulet. Couvrir pour éviter les éclaboussures et pour garder la chaleur. Régler à "HIGH" pour 15 minutes. Vérifier la cuisson après 10 minutes et redisposer. Après la cuisson, le poulet devrait être chaud, la viande tendre et le jus transparent. La cuisson peut être prolongée. Couvrir le poulet durant la période d'attente.
6. En premier, faire griller les graines de sésame dans un plat en verre résistant à la chaleur. L'huile devenant très chaude risque de faire fondre certains plats en plastique même s'ils sont indiqués pour la cuisson par micro-ondes. Vérifier la cuisson car la durée pourrait être plus courte que prévue.
7. Ajouter les légumes, verser la sauce et bien mélanger. Remuer après 3 minutes de cuisson et vérifier le degré de cuisson après 5 minutes.
8. Tout devrait être prêt à servir. Si nécessaire, les pommes de terre et le poulet peuvent être réchauffés à "HIGH" pendant 3 minutes. Vérifier soigneusement si le dessous du plat est chaud. Les légumes peuvent être réchauffés à "HIGH" pendant 1 minute.

Special features

Sensor Cooking

As food cooks in a microwave oven steam is produced. This steam accumulates on a special sensor located in the venting system of the microwave oven. The microprocessor uses this information collected by the sensor to calculate cooking time and control the power level. Do not open the oven door for longer than one minute before the cooking time appears. Once the calculation is made the oven will signal with two beeps and the cooking time will count down. After this food may be stirred, rearranged, ingredients added, or aluminum foil removed if shielding is required. Look for the **S** symbol to indicate recipes and charts with Sensor directions. Use these recipes and charts as a basis for determining which of your own similar conventional recipes may be converted to sensor cooking.

Sensor Reheat

This program is designed to reheat room temperature or refrigerated foods. It may be used successfully with most foods but is not suitable for pastry or beverages.

One Touch Cooking (Sensor Cook)

These are the food categories as listed on the control panel pads with the number that will appear on the clock read out.

Food Pad	Sub Category		Display Number
Meat	Beef	Rare	1
	Beef/Lamb	Medium	1
	Beef/Lamb/Pork	Well	1
Vegetables (fresh)	Root Vegetables		2
	Other Vegetables		2
Frozen Food	Dinners	300 g	3
	Entrees	280 g	3
	Vegetables	280 g	3
Casseroles			4
Poultry			5

Use the cooking hints that follow.

More/Less Control

When foods have been cooked using the sensor program and you would prefer to alter the program use the More/Less control to increase or decrease cooking time after the sensor program has been selected.

Caractéristiques particulières

Senseur

Durant la cuisson, il se produit toujours une certaine quantité de vapeur. Cette vapeur s'accumule sur le senseur spécial situé avec le système de ventilation. Le microprocesseur calcule la durée de cuisson et l'intensité nécessaire grâce aux informations transmissent par le senseur. Ne pas ouvrir la porte pendant plus d'une minute avant l'affichage de la durée de cuisson. Une fois la durée calculée, l'avertisseur sonore se fait entendre à deux reprises et le compte à rebours s'amorce. À ce moment, il est possible de remuer, retourner, ajouter les aliments ou de retirer les morceaux de papier d'aluminium. Le symbole **S** identifie les recettes et les tableaux utilisant le senseur. Utiliser les recettes et tableaux pour adapter vos propres recettes à la cuisson par senseur.

Réchauffage avec senseur

Conçu pour réchauffer les aliments à la température de la pièce ou réfrigérés, ce programme est idéal pour la plupart des aliments, mais non recommandé pour les pâtisseries et les breuvages.

Cuisson par senseur

Le tableau ci-dessous liste les programmes de cuisson indiqués sur votre four ainsi que le numéro qui sera affiché au registre.

Touche d'aliments	Catégorie		Affichage
Viandes	Bœuf	Saignant	1
	Bœuf/agneau	À point	1
	Bœuf/agneau/porc	Bien cuit	1
Légumes (frais)	Tubercules		2
	Autres		2
Aliments surgelés	Repas préparés	300 g	3
	Mets préparés	280 g	3
	Légumes	280 g	3
Plats cuisinés			4
Volaille			5

Prendre note des conseils ci-dessous.

Commande du degré de cuisson

Pour abréger ou prolonger quelque peu les temps prévus aux programmes prédéfinis, utiliser la commande du degré de cuisson après avoir programmé le four.

Hints For Sensor Reheat/Cook

- Follow directions given in the charts or recipes. Similar recipes and foods may also be adapted to sensor use.
- Use dishes that correspond to the volume of food being cooked.
- Foods should be at their normal storage temperature with frozen foods frozen solid and potatoes at room temperature, for example.
- Shield the narrow ends of meat or poultry or corners of dishes with aluminum foil, at the beginning of cooking. Remove the foil when the time appears in the clock display.
- Quantities of food less than 120 g (4 oz) may not allow the sensor to respond properly; therefore, power and time cooking should be used.
- Dishes must be loosely but completely covered with microwavable plastic wrap or a matching lid. **Not** a tight sealing lid.
- Some foods may require a stand time to complete cooking, before serving.

Conseils pour la cuisson et le réchauffage avec senseur

- Suivre les indications des tableaux et des recettes. Les recettes et aliments similaires peuvent être adaptés.
- Utiliser des récipients correspondant au volume de l'aliment.
- Les aliments doivent être à leur température de conservation.
- Avant la cuisson, protéger les parties minces de viande ou volaille ou les coins des plats carrés avec des morceaux de papier d'aluminium.
- La cuisson par le temps et la durée est recommandée pour les aliments pesant moins de 120 g (4 oz).
- Les plats doivent être couverts complètement avec un couvercle ou une pellicule plastique **sans être** scellés hermétiquement.

Potatoes

Cook potatoes automatically. Wash, brush and dry potatoes and place on a microwavable rack or paper towel. Potatoes may also be peeled, quartered and placed in a cover microwavable dish. One to four potatoes of approximately 220 to 285 g (8 to 10 oz) can be accommodated at once.

Pommes de terre

Les pommes de terre peuvent être cuites automatiquement. Bien laver et essuyer les pommes de terre avant de les déposer sur une grille à rissoler ou sur un essuie-tout. Elles peuvent également être pelées, coupées et placées dans un plat à micro-ondes avec couvercle. Une à quatre pommes de terre d'environ 220 à 285 g (8 à 10 oz) peuvent être cuites en même temps.

Frozen Convenience Foods

Use this setting to defrost and heat frozen convenience foods or home-frozen food such as plated dinners, entrées and vegetables.
For frozen convenience foods, follow the manufacturers direction for covering. Always remove aluminum foil covers. Home-frozen food should be covered with a piece of waxed paper. When food is frozen in aluminum foil trays deeper than 2 cm (¾") it should be transferred to a microwavable container; otherwise, the bottom portion will not thaw. Each category will accommodate the following approximate weights.

Dinners   300 to 315 g (11 oz) / 560 to 575 g (20 oz)
Entrées   170 g (6 oz) / 170 to 290 g (10 oz) /
           560 to 575 g (20 oz)
Vegetables 280 to 290 g (10 oz) / 560 to 575 g (20 oz)

Aliments préparés surgelés

Les aliments surgelés tels les repas-minute préparés, les hors d'œuvres et les légumes sont décongelés et amenés à leur temperature de service grâce à une seule touche. Suivre les directives du fabricant pour couvrir. Toujours retirer les feuilles d'aluminium. Couvrir les aliments surgelés à la maison avec du papier ciré. Si le récipient d'aluminium excède 2 cm (¾ po) de profondeur, transférer les aliments dans un plat allant au four micro-ondes, sinon le dessous ne sera pas cuit. Chaque catégorie est prévue pour les poids ci-dessous.

Repas   300 à 315 g (11 oz) / 560 à 575 g (20 oz)
Mets   170 g (6 oz) / 170 à 290 g (10 oz) /
         560 à 575 g (20 oz)
Légumes 280 à 290 g (10 oz) / 560 à 575 g (20 oz)

Auto Reheat

When using this feature to reheat leftovers, that are at room temperature, place them in a microwavable dish. Cover with a piece of waxed paper or with a lid to hold in heat. This feature will accomodate up to four servings such as pieces of meat, casseroles or soups.

Type of Food	Quantity Per Serving
Plate of Food	one
Meat, Poultry	1 piece 120 g (4 oz.)
Casseroles	220 g (8 oz.)
Soups, Gravy, Sauce	240 mL (1 cup)

Réchauffage automatique

Pour le réchauffage des restes à la température de la pièce, les placer dans un récipient allant au four micro-ondes. Couvrir d'une feuille de papier ciré ou un couvercle afin de garder la chaleur. Cette fonction peut réchauffer jusqu'à 4 portions de viandes, plats cuisinés ou soupes.

Aliment	Quartité par Portion
Assiette garnie	1
Viande, volaille	1 morceau de 120 g
Plat cuisiné	220 g (8 oz)
Soupe, sauce, jus de cuisson	240 mL (1 tasse)

Auto Defrost

Weight defrost can be used to defrost many cuts of meat, poultry and fish by weight. To use, set the weight of food in pounds (1.0) and tenths of a pound (0.1) for NN-7540/NN-6470/NN-6550/NN-6540/NN-5470 and NN-5550. Set the weight of food in increments half (0.5) pound for NN-6850/NN-6750 and NN-5750. The oven will determine the defrosting time and power levels. Once the oven is programmed, the defrosting time will appear in the display window after Start control is touched.

Remove ground meat from its tray. Place meat on a microwave roasting rack in an appropriate sized dish. Place roast fat-side down and whole poultry breast-side down on a microwave roasting rack in an oblong dish.

The rack helps prevent the food from sitting in its own juice. The juice will get hot during defrosting and if the food is sitting in the juice, the bottom will begin to cook. Place small items, such as chops, chicken pieces, shrimp, scallops, fish on a microwave roasting rack in an oblong dish.
During weight defrost the oven will signal halfway through the time. Break apart small pieces, turn over roasts and remove thawed portions of ground meat. Should shielding be required do it at these times. The oven will not stop operating and some items may not require attention.

Timed Defrost

To use timed defrost, press the POWER pad, select DEFROST and program the defrosting time. Use the chart for estimated defrost times.

Defrosting Fish, Seafood, Meat and Poultry
Remove from wrapper and set in a dish. Place small items such as chops, shrimp, ground meat and chicken pieces on a microwave rack in a dish.
Halfway through defrost time turn over large pieces, break apart small items and remove thawed parts of ground meat. Thin ends of fish, chops etc., may require shielding with a small piece of aluminum foil for half the time.
Allow 5 to 20 minutes standing time before cooking to equalize the internal temperature. Rinse poultry and fish under cold water. Disinfect surfaces that have come in contact with thawed meat, fish and poultry.

Food	Timed Defrost minutes/kg (minutes/lb)	Food	Timed Defrost minutes/kg (minutes/lb)
FISH AND SEAFOOD Crabmeat	15 to 20 (7 to 10)	**PORK** Bacon	8 to 10 (4 to 5)
Fish Fillets	7 to 11 (4 to 6)	Chops	12 to 14 (6 to 7)
Fish Steaks	8 to 11 (4 to 6)	Ribs	12 to 14 (6 to 7)
Sea Scallops	14 to 18 (7 to 9)	Roasts	10 to 12 (5 to 6)
Shrimp, medium	10 to 12 (5 to 6)	**LAMB** Chops	12 to 14 (6 to 7)
Whole fish	11 to 14 (6 to 7)	Ribs	12 to 14 (6 to 7)
BEEF Ground Beef	10 to 12 (5 to 6)	Roasts	10 to 12 (5 to 6)
Liver	10 to 12 (5 to 6)	**POULTRY** Chicken, Whole	12 to 14 (6 to 7)
Roasts	10 to 12 (5 to 6)	Pieces	8 to 10 (4 to 5)
Sirloin Steak	12 to 14 (6 to 7)	Turkey Cutlets	8 to 10 (4 to 5)
Rib or T-Bone	12 to 14 (6 to 7)	Cornish Hens	12 to 16 (6 to 8)
Flank	10 to 12 (5 to 6)	Duck	16 to 18 (8 to 9)
Stew Meat	10 to 12 (5 to 6)		

Décongélation automatique au poids

Le cycle "Weight Defrost" s'utilise pour décongeler viandes, volailles et poissons selon leur poids. Pour les modèles NN-7540/NN-6470/NN-6550/NN-6540/NN-5470 et NN-5550, il suffit de programmer le poids de l'aliment en livres (1.0) et en dixième de livre (0.1). Pour les modèles NN-6850/NN-6750 et NN-5750, il suffit de programmer le poids de l'aliment en livres (1,0) et demi livre (0,5). Une fois la programmation complétée, le four détermine la durée et l'intensité. Le registre affiche la durée une fois la touche de mise en marche effleurée.

Développer la viande hachée et la mettre sur une grille à rissoler dans un plat approprié.
Placer le gras des pièces de viande et la poitrine des volailles entières vers le bas sur une grille à rissoler pour four micro-ondes déposée dans un plat rectangulaire, afin que la viande ne baigne pas dans son jus. En devenant chaud durant la décongélation, le jus risquerait d'amorcer la cuisson.

Disposer les petites portions, telles que les côtelettes, les morceaux de poulet, les crevettes, les pétoncles et les poissons sur une grille à rissoler déposée dans un plat allant au four micro-ondes.
Durant la décongélation au poids, le signal tonal du four se fait entendre au milieu du cycle. C'est le moment de séparer les morceaux, retourner les rôtis, et retirer les parties décongelées de la viande hachée. C'est aussi le moment de protéger, si nécessaire. Le cycle se complétera quand même. Certains aliments ne nécessitent toutefois d'aucune intervention manuelle.

Décongélation par la durée

Pour utiliser la décongélation par la durée, il suffit d'effleurer la touche de décongélation et de programmer la durée. Procéder selon les durées indiquées au tableau.

Décongélation du poisson, des fruits de mer, des viandes et de la volaille
Déballer l'aliment et le mettre dans un plat. Disposer les aliments plus petits, tels côtelettes, crevettes, viande hachée et morceaux de poulet sur une grille à rissoler dans un plat.

À mi-temps de la décongélation, retourner les rôtis, séparer les morceaux et retirer les parties décongelées de la viande hachée. Protéger les parties minces des aliments. Afin d'égaliser la température interne, laisser reposer de 5 à 20 minutes. Rincer la volaille et le poisson à l'eau froide. Désinfecter les surfaces qui ont été en contact avec la viande, poisson ou volaille décongelés.

Aliment	Décongélation par la durée en minutes par kg (min par lb)
Poissons et fruits de mer	
Chair de crabe	15 à 20 (7 à 10)
Filets de poisson	7 à 11 (4 à 6)
Darnes de poisson	8 à 11 (4 à 6)
Pétoncles	14 à 18 (7 à 9)
Crevettes moyennes	10 à 12 (5 à 6)
Poissons entiers	11 à 14 (6 à 7)
Bœuf	
Viande hachée	10 à 12 (5 à 6)
Foie	10 à 12 (5 à 6)
Rôtis	10 à 12 (5 à 6)
Steak de surlonge ou de ronde	12 à 14 (6 à 7)
Côtes ou aloyau	12 à 14 (6 à 7)
Viande à ragoût	10 à 12 (5 à 6)

Aliment	Décongélation par la durée en minutes par kg (min par lb)
Porc	
Bacon	8 à 10 (4 à 5)
Côtelettes	12 à 14 (6 à 7)
Côtes	12 à 14 (6 à 7)
Rôtis	10 à 12 (5 à 6)
Agneau	
Côtelettes	12 à 14 (6 à 7)
Côtes	12 à 14 (6 à 7)
Rôtis	10 à 12 (5 à 6)
Volaille	
Poulets entiers	12 à 14 (6 à 7)
Poulets en morceaux	8 à 10 (4 à 5)
Poitrines désossées	8 à 10 (4 à 5)
Poulets de Cornouailles	12 à 16 (6 à 8)
Canard	16 à 18 (8 à 9)

Microwave tips

Food	Power	Time (in minutes)	Directions
Brown Sugar, to soften	**HIGH**	20 to 30 seconds	Place 250 mL (1 cup) hard brown sugar in dish with slice of bread or a wedge of apple. Cover with plastic wrap.
Butter, to melt, 125 g (4 oz) Butter, to soften, 125 g (4 oz)	**MEDIUM-LOW**	1 to 2 ¼ to ½	Remove wrapper and place butter in dish.
Chocolate, to melt, 1 square 30 g (1 oz) Chocolate, to melt, 125 g (½ cup) chips	**MEDIUM-LOW** **MEDIUM-LOW**	1½ to 2½ 1 to 2	Remove wrapper and place chocolate in dish. Stir before adding more time. Chocolate holds it shape oven when softened.
Bacon, to separate, 500 mL (1 lb)	**HIGH**	¼ to ½	Remove wrapper. After heating, use a plastic spatula to separate slices.
Cream Cheese, to soften, 90 g (3 oz)	**MEDIUM-LOW**	½ to 1	Remove wrapper and place in a bowl.
Coconut, to toast, 75 mL (⅓ cup)	**HIGH**	2 to 3	Place in a pie plate or bowl. Stir frequently.
Dried Fruits, to soften	**HIGH**	30 to 40 seconds	Place fruit in a small bowl and sprinkle with water. Cover with plastic wrap.
Ice Cream topping, to warm	**HIGH**	½ to 1	Place 1 cup topping in dish; stir twice.
Ice Cream, to soften, 2 L (8 cup)	**LOW**	1 to 2	
Nuts, to roast, 375 mL (1½ cups)	**HIGH**	4 to 5	Spread nuts in 23 cm (9″) pie plate. Stir twice.
Sesame Seeds, to toast, 50 mL (¼ cup)	**HIGH**	3 to 4	Place in a small bowl. Stir twice.
Syrup/Honey, to soften	**HIGH**	30 to 40 seconds	Uncover container. Stir or shake once. May be repeated if still crystalline.
Tostada, tortillas, Taco Shells, to soften	**HIGH**	20 to 40 seconds	Place 4 shells between damp paper towel.

Liquids:
  Water
    250 mL (8 oz)
    500 mL (16 oz)
  Milk/Soup
    250 mL (8 oz)
    500 mL (16 oz)
	
	HIGH
	HIGH
	
	MEDIUM
	MEDIUM
		
		2 to 3
		4½ to 5½
		
		2½ to 3½
		5 to 6
			Heated liquids can erupt if not mixed with air. Do not heat liquids in your microwave oven without stirring first.

Hot Compress	**HIGH**	15 seconds	Wet cotton wash cloth, fold and heat.
Remove Oven Odors	**HIGH**	4	Combine 250 mL (1 cup) water with juice and peel of one lemon in a measuring cup. After heating, wipe interior with damp cloth.

Conseils pratiques

Aliment	Intensité	Durée de cuisson (en minutes)	Directives
Cassonade, ramollie	"HIGH"	20 à 30 secondes	Mettre 250 mL (1 tasse) de cassonade dans un plat avec une tranche de pain ou un quartier de pomme. Couvrir d'une feuille de plastique.
Beurre, fondu, 125 g (4 oz) Beurre, ramolli, 125 g (4 oz)	"MEDIUM-LOW"	1 à 2 ¼ à ½	Déballer et placer dans une assiette.
Chocolat, fondu, 1 carré 30 g (1 oz) Chocolat en grains, fondu, 125 g (½ tasse)	"MEDIUM-LOW" "MEDIUM-LOW"	1½ à 2½ 1 à 2	Déballer et déposer dans une assiette. Remuer avant d'augmenter la durée. Le chocolat garde sa forme même quand il est ramolli.
Bacon, séparé 500 mL (1 lb)	"HIGH"	¼ à ½	Déballer. Après réchauffage, séparer à l'aide d'une spatule de plastique.
Fromage à la crème ramolli 90 g (3 oz)	"MEDIUM-LOW"	½ à 1	Déballer et placer dans un bol.
Noix de coco, grillée 75 mL (⅓ de tasse)	"HIGH"	2 à 3	Placer dans une assiette à tarte ou un bol. Remuer à plusieurs reprises.
Fruits déshydratés, ramollis	"HIGH"	30 à 40 secondes	Placer dans un petit bol et les asperger d'eau. Couvrir d'une feuille de plastique.
Garniture à crème glacée, réchauffée	"HIGH"	½ à 1	Placer 250 mL (1 tasse) de garniture dans un bol. Remuer à deux reprises.
Crème glacée, ramollie 2 L (8 tasses)	"LOW"	1 à 2	
Noix, rôties 375 mL (1½ tasse)	"HIGH"	4 à 5	Étendre sur une assiette à tarte de 23 cm (9 po). Remuer deux fois durant la cuisson.
Graines de sésame, grillées 50 mL (¼ de tasse)	"HIGH"	3 à 4	Placer dans un petit bol. Remuer deux fois durant la cuisson.
Sirop/miel, ramolli	"HIGH"	30 à 40 secondes	Retirer le couvercle. Mélanger ou brasser une fois. Répéter si nécessaire.
Tostadas, tortillas et coquilles Taco, ramollies	"HIGH"	20 à 40 secondes	Déposer 4 coquilles entre des essuie-tout humides.
Liquides: **Eau** 250 mL (8 oz) 500 mL (16 oz) **Lait/soupe** 250 mL (8 oz) 500 mL (16 oz)	 "HIGH" "HIGH" "MEDIUM" "MEDIUM"	 2 à 3 4½ à 5½ 2½ à 3½ 5 à 6	Le réchauffage des liquides non mélangés à l'air peut produire un débordement dans le four micro-ondes. Toujours remuer avant de placer dans le four.
Compresse chaude	"HIGH"	15 secondes	Mouiller un linge de coton, plier et réchauffer.
Enlever les odeurs du four	"HIGH"	4	Mélanger 250 mL (1 tasse) d'eau avec le jus et le zeste d'un citron dans une tasse à mesurer. Après la durée indiquée, essuyer le four avec un linge humide.

Canning:
Do not use your microwave oven for canning

Canning and sterilizing of canning jars should NOT be done in a microwave oven. Home canning destroys mold, yeast, bacteria and enzymes in foods to prevent spoilage.

Low acid and nonacid foods require a temperature of 120°C (240°F) which is above the boiling point of water. In canning 120°C (240°F) is obtained by using a pressure canner set at 4.5 kg (10 pounds) pressure (at sea level). Your microwave oven can only bring plain water to the boiling points (100°C/212°F).

High acid foods are processed in a hot water bath canner. The canning jars are covered with water which is kept at a rolling boil. Your microwave oven cannot duplicate this procedure. Since canning jars also need to be submerged in water for sterilization, it would be impossible to do this procedure in a microwave oven.

Improperly canned food may spoil and be dangerous to consume. We recommend that canning be done only on a conventional range top following standard canning procedures.

In addition, certain canning lids and rings may cause arcing in the microwave oven.

Panasonic recommends the following regarding cooking in your microwave oven:

1. Small quantities of food or foods with low moisture content can burn, dry out or catch on fire. If a fire occurs, turn oven off and leave the oven door closed. Disconnect the power cord, or shut off power at the fuse or circuit breaker panel.

2. Popcorn must be popped in a microwave corn popper. Microwave corn poppers are available through many retail stores. In addition, special microwave popcorn is available in some areas of the country. This popcorn pops in its own package and does not require a microwave corn popper. It may be used in this oven.

3. Do not attempt to deep fat fry in your microwave oven. Oil temperature cannot be controlled and may reach its flash point and burst into flames. The oil will bubble and cause damage to the oven. Many microwave utensils cannot withstand the temperatures of heated oil resulting in shattering or melting.

4. Drying meats, fruits, and vegetables are not recommended.

5. Do not use paper towels which contain a synthetic fiber woven into them, such as nylon. Synthetic fibers may cause the towel to ignite.

6. Do not use the oven for any reason other than the preparation of food. Exceptions would be specific uses indicated in this cookbook.

Avertissement sur la préparation de conserves

La mise en conserve et la stérilisation des bocaux ne doivent pas être effectuées au four micro-ondes.

La mise en conserve et la stérilisation des bocaux est un procédé de destruction des moisissures, des bactéries, de la levure et des enzymes qui assure la conservation des aliments. Les aliments à faible teneur en acide nécessitent une température de 120°C (240°F), supérieure au point d'ébullition de l'eau. Pendant la mise en conserve, cette température est obtenue à une pression de 4,5 kg (10 livres) (au niveau de la mer) dans un autoclave. Votre four micro-ondes ne peut amener l'eau qu'à son point d'ébullition 100°C (212°F). C'est pourquoi il ne convient pas à la mise en conserve de ces aliments.
D'autre part, les aliments à forte teneur en acide sont traités dans des autoclaves d'eau chaude. Pour la stérilisation, les pots de conserves doivent être immergés dans l'eau maintenue au point d'ébullition. Votre four ne peut pas effectuer cette opération. En outre, les couvercles et rondelles pourraient occasionner l'amorce d'étincelles. Or, les conserves mal stérilisées peuvent s'avarier et constituer un poison mortel. Nous recommandons d'effectuer la mise en conserve sur une cuisinière conventionnelle selon les méthodes éprouvées.

Recommandations de Panasonic concernant la cuisson micro-ondes:

1. De petites quantités d'aliments ou des aliments à faible teneur en eau peuvent brûler, s'assécher ou prendre feu, s'ils sont cuits trop longtemps. Le cas échéant, couper le contact et laisser le four fermé. Débrancher le fil d'alimentation ou couper le circuit électrique.

2. Préparer le maïs soufflé seulement dans un récipient prévu à cette fin et allant au four micro-ondes. Plusieurs modèles sont disponibles dans le commerce. De plus, dans certaines régions, du maïs est offert spécialement pour la cuisson micro-ondes. Ce maïs se prépare dans son emballage et ne requiert aucun récipient spécial.

3. Ne jamais faire de friture dans le four micro-ondes. Étant donné que sa température ne peut pas être contrôlée, l'huile peut atteindre son point d'ignition et prendre feu. D'autre part, les éclaboussures causées par le bouillonnement de l'huile risquent d'endommager le four. Un bon nombre des ustensiles conçus pour la cuisson micro-ondes ne résistent pas à la chaleur dégagée par l'huile chaude.

4. Il n'est pas recommandé de faire sécher la viande, les fruits et les légumes dans le four.

5. Ne pas utiliser de papier contenant des fibres synthétiques comme le nylon. Celles-ci pourraient s'enflammer.

6. N'utiliser le four que pour la préparation d'aliments, sauf pour les cas indiqués spécifiquement dans ce livre de recettes.

ANGELS ON HORSEBACK

12	fresh oysters	12
4 to		4 to
6	slices bacon	6
15 mL	chutney of your choice	1 tbsp

If the oysters are in their shells, brush well before opening. If purchased out-of-the shell, rinse and drain well. Cut bacon slices in half. Spread oysters with chutney. Roll each oyster in bacon and secure with a toothpick. Place in a circle on a plate. Cook at **MEDIUM-HIGH** 2 to 3 minutes or until bacon is cooked. Check after 2 minutes.
Let stand 1 minute.

12 Hors d'œuvres

LES ANGES À CHEVAL

12	huîtres fraîches	12
4 à		4 à
6	tranches de bacon	6
15 mL	de chutney de son choix	1 c. à soupe

Si les huîtres sont sur écailles, bien les brosser avant de les ouvrir. Si elles sont à la mesure, les rincer et bien les égoutter dans un tamis. Couper les tranches de bacon en deux. Badigeonner chaque huître d'un peu de chutney. Recouvrir d'une tranche de bacon et retenir le tout à l'aide d'un cure-dent. Placer les huîtres en cercle dans l'assiette. Faire cuire 2 à 3 minutes à **"MEDIUM-HIGH"**. La durée de cuisson varie selon le bacon utilisé, voilà pourquoi il vaut mieux vérifier la cuisson après 2 minutes. Laisser reposer 1 minute avant de servir.

12 amuse-gueules

APPETIZER PÂTÉ

500 g	chicken livers, chopped	1 lb
5 mL	chicken bouillon powder	1 tsp
2	apples, grated	2
175 mL	onion, chopped	¾ cup
25 mL	butter	2 tbsp
25 mL	brandy or sherry	2 tbsp
5 mL	salt	1 tsp
2 mL	pepper	½ tsp
2 mL	thyme	½ tsp
5 mL	sage	1 tsp
10 mL	Angostura bitters	2 tsp
4	slices bacon, cooked and crumbled, Parsley, chopped	4

In a medium bowl combine chicken livers, bouillon, onion and apple. Cover with plastic wrap. Cook at **HIGH** 3 to 4 minutes. Stir and continue cooking at **MEDIUM** 7 to 9 minutes. Stir in remaining ingredients. Purée mixture with blender, food processor or electric mixer. Spoon into crock or small bowl; sprinkle with parsley and chill. Serve as a spread with crackers.

375 mL (1½ cups)

CANAPÉS AU FOIE DE POULET

500 g	de foies de poulet, hachés	1 lb
5 mL	de mélange pour bouillon de poulet	1 c. à thé
2	pommes, râpées	2
175 mL	d'oignon, hachés	¾ de tasse
25 mL	de beurre	2 c. à soupe
25 mL	de brandy ou de xérès	2 c. à soupe
5 mL	de sel	1 c. à thé
2 mL	de poivre	½ c. à thé
2 mL	de thym	½ c. à thé
5 mL	de sauge	1 c. à thé
10 mL	d'amèrs aromatiques (Angostura)	2 c. à thé
4	tranches de bacon, cuit, emietté Persil, haché	4

Dans un bol moyen, mélanger les foies de poulet, le bouillon, l'oignon et la pomme. Recouvrir d'une pellicule plastique. Cuire à **"HIGH"** 3 à 4 minutes. Remuer. Poursuivre la cuisson à **"MEDIUM"** 7 à 9 minutes. Incorporer le reste des ingrédients.
À l'aide d'un mélangeur électrique, d'un batteur électrique ou d'un robot culinaire, réduire le mélange en purée. Verser dans un pot ou dans un petit bol. Saupoudrer de persil haché. Réfrigérer. Servir sur des craquelins.

375 mL (1½ tasse)

BACON WRAPPED SCALLOPS

12	small scallops	12
4 to		4 to
6	slices bacon	6

Cut bacon slices in half. Place on rack or paper towel and cover with paper towel. Partially cook at **HIGH** 2 to 3 minutes. Drain. Wrap scallops in bacon and fasten with wooden toothpicks. Arrange on a plate. Cover with a paper towel. Cook at **MEDIUM-HIGH** 4 to 6 minutes. Serve immediately.

12 hors d'oeuvres

Variation: Fresh shelled oysters may be substituted for scallops.

BOUCHÉES DE PÉTONCLES AU BACON

12	petites pétoncles	12
4 à		4 à
6	tranches de bacon	6

Couper les tranches de bacon en deux. Disposer sur une grille à rissoler ou sur un essuie-tout et couvrir d'un essuie-tout. Cuire à **"HIGH"** 2 à 3 minutes. Égoutter. Enrouler une demi-tranche de bacon autour de chaque pétoncle et retenir à l'aide d'un cure-dent. Disposer les bouchées dans un plat et couvrir d'un essuie-tout. Cuire à **"MEDIUM-HIGH"** 4 à 6 minutes. Servir immédiatement.

12 amuse-gueules

Variante: Remplacer les pétoncles par des huîtres fraîches.

CHICKEN TERIYAKI S

1 kg	chicken wings, cut apart	2 lb
1	284 mL can of chunk pineapple	1
1	clove garlic, finely chopped	1
50 mL	soy sauce	¼ cup
25 mL	packed brown sugar	2 tbsp
2 mL	salt	½ tsp
1 mL	ginger	¼ tsp

Arrange chicken in 20 cm (8") square dish with meatier portions toward the edge of dish. In small bowl, combine remaining ingredients; stir well. Pour sauce over chicken.

TO COOK BY SENSOR: Cover completely with plastic wrap. Cook on [Poultry].

TO COOK BY TIME: Cover with waxed paper. Cook at **HIGH** 11 to 13 minutes, or until chicken is tender.

Serve with sauce

10 servings

POULET "TERIYAKI" S

1 kg	d'ailes de poulet, coupées en deux	2 lb
1	boîte d'ananas en morceaux (284 mL)	1
1	gousse d'ail, émincée	1
50 mL	de sauce de soja	¼ de tasse
25 mL	de cassonade, tassée	2 c. à soupe
2 mL	de sel	½ c. à thé
1 mL	de gingembre	¼ c. à thé

Dans un plat de cuisson carré de 20 cm (8 po), disposer les morceaux de poulet, en plaçant les parties les plus charnues vers l'extérieur. Dans un petit bol, mélanger le reste des ingrédients et bien remuer. Verser la sauce sur le poulet.

CUISSON PAR SENSEUR: Couvrir de feuille de plastique. Cuire à [Poultry].

CUISSON PAR LAP DURÉE: Couvrir de papier ciré. Cuire à **"HIGH"** 11 à 13 minutes, ou jusqu'à ce que le poulet soit tendre.

Servir avec la sauce.

10 portions

BASIC WHITE SAUCE

25 mL	butter or margarine, melted	2 tbsp
25 mL	flour	2 tbsp
1 mL	salt, optional	¼ tsp
	Dash of white pepper, optional	
250 mL	milk	1 cup

In a 1 L (4 cup) bowl, combine melted butter, flour, salt and pepper. Gradually add milk; stir until smooth. Cook at **MEDIUM-HIGH** 4 to 5 minutes, or until sauce is thickened. Stir occasionally.

250 mL (1 cup)

Variations:

For **CHEESE** Sauce, stir in 125 to 175 mL (½ to ¾ cup) shredded cheese. Cook at **MEDIUM** 1 minute, if necessary, to completely melt cheese.

For **CURRY** Sauce, stir in 5 to 10 mL (1 to 2 tsp) curry powder.

For **HORSERADISH** Sauce, add 15 mL (1 tbsp) prepared horseradish.

For **MUSTARD** Sauce, add 25 mL (2 tbsp) prepared mustard and dash Worcestershire sauce.

SAUCE BÉCHAMEL

25 mL	de beurre ou de margarine	2 c. à soupe
25 mL	de farine	2 c. à soupe
1 mL	de sel (facultatif)	¼ de c. à thé
	Pincée de poivre blanc (facultatif)	
250 mL	de liat	1 tasse

Dans un bol en verre de 1 L (4 tasses), mélanger le beurre fondu, la farine, le sel et le poivre. Ajouter graduellement le lait et remuer jusqu'à consistance onctueuse. Cuire à **"MEDIUM-HIGH"** 4 à 5 minutes ou jusqu'à ce que la sauce ait épaissi. Remuer à quelques reprises durant la cuisson.

250 mL (1 tasse)

Variantes:

Sauce au fromage: Incorporer 125 à 175 mL (½ à ¾ de tasse) de fromage râpé. Cuire à **"MEDIUM"** 1 minute, si nécessaire, pour faire complètement fondre le fromage.

Sauce au cari: Incorporer 5 à 10 mL (1 à 2 c. à thé) de poudre de cari.

Sauce au raifort: Ajouter 15 mL (1 c. à soupe) de raifort préparé.

Sauce à la moutarde: Ajouter 25 mL (2 c. à coupe) de moutarde préparée et quelques gouttes de sauce Worcestershire.

HOLLANDAISE SAUCE

50 mL	butter or margarine	3 tbsp
25 mL	flour	2 tbsp
250 mL	hot water	1 cup
15 to		1 to
25 mL	lemon juice	2 tbsp
2	egg yolks	2
	Salt and pepper to taste	

In a medium bowl, melt butter at **HIGH** 50 to 60 seconds. Stir in flour. Combine hot water and lemon juice; gradually sitr into butter mixture. Cook at **MEDIUM-HIGH** 1½ to 2 minutes until sauce starts to boil. Stir. Quickly stir in egg yolks with a fork. Cook at **MEDIUM** 1½ to 2 minutes until sauce thickens, Stir once. Season to taste.

375 mL (1½ cups)

SAUCE HOLLANDAISE

50 mL	de beurre ou de margarine	3 c. à soupe
25 mL	de farine	2 c. à soupe
250 mL	d'eau chaude	1 tasse
15 à		1 à
25 mL	de jus de citron	2 c. à soupe
2	jaunes d'œufs	2
	Sel et poivre au goût	

Dans un bol moyen, faire fondre le beurre à **"HIGH"** pendant 50 à 60 secondes. Incorporer la farine. Ajouter graduellement l'eau et le jus de citron, jusqu'à ce que le mélange ressemble à du beurre. Faire cuire à **"MEDIUM-HIGH"** de 1½ à 2 minutes, ou jusqu'à ce que la sauce épaississe légèrement. Remuer une fois durant la cuisson. Ajouter rapidement les jaunes d'œufs tout en remuant avec une fourchette. Faire cuire à **"MEDIUM"** de 1½ à 2 minutes, ou jusqu'à ce que la sauce épaississe. Remuer une fois durant la cuisson. Assaisonner au goût.

375 mL (1½ tasse)

HOMEMADE GRAVY

15 to		1 to
25 mL	butter or margarine	2 tbsp
25 mL	flour	2 tbsp
	Salt and pepper to taste	
	Few drops of browning sauce, optional	
250 mL	roast drippings*	1 cup

Heat butter in small glass bowl at **HIGH** ½ to ¾ minute, or until melted. Stir in flour, salt, pepper and browning sauce. Gradually add drippings; stir until smooth. Cook at **HIGH** 2½ to 4 minutes, or until gravy is thickened; stir twice.

250 mL (1 cup)

*If necessary, add broth, milk or water to roast drippings to equal 250 mL (1 cup). If using milk, cook at **MEDIUM** 3 to 5 minutes.

SAUCE MAISON

15 à		1 à
25 mL	de beurre ou de margarine	2 c. à soupe
25 mL	de farine	2 c. à soupe
	Sel et poivre, au goût	
	Quelques gouttes de sauce à brunir (facultatif)	
250 mL	de sucs de rôti*	1 tasse

Dans un petit bol en verre, faire fondre le beurre à "**HIGH**" pendant 30 à 45 secondes. Incorporer la farine, le sel, le poivre et la sauce à brunir. Ajouter graduellement les sucs de rôti en remuant pour obtenir un mélange homogène. Faire cuire à "**HIGH**" 2½ à 4 minutes, ou jusqu'à ce que la sauce épaississe. Remuer à deux reprises durant la cuisson.

250 mL (1 tasse)

*Remarque: Au besoin, ajouter du bouillon, de l'eau ou du lait aux sucs de rôti pour obtenir 250 mL (1 tasse). Si du lait est utilisé, cuire à "**MEDIUM**" 3 à 5 minutes.

CREAM OF BROCCOLI SOUP

100 mL	butter or margarine	6 tbsp
15 mL	finely chopped onion	1 tbsp
75 mL	flour	5 tbsp
250 mL	chicken broth	1 cup
500 mL	milk	2 cups
3 mL	salt	¾ tsp
	Dash pepper	
	Dash nutmeg, optional	
1	300 g package frozen chopped broccoli, defrosted	1

Combine butter and onion in 2 L (8 cup) casserole. Cook at **HIGH** 1½ to 2 minutes; blend in flour. Gradually add broth, milk, salt, pepper and nutmeg; stir until smooth. Cook at **MEDIUM** 7 to 9 minutes, or until soup is slightly thickened; stir occasionally. Add broccoli and purée in food processor or blender. Return to casserole. Cook at **MEDIUM** 3 to 4 minutes; stir once.

4 servings

Variations:

For cream of mushroom soup, follow above procedure. Substitute 250 mL (1 cup) sliced mushrooms, cooked.

For cream of spinach or asparagus soup, follow above procedure. Substitute 1 package (300 g) frozen spinach or asparagus, or broccoli.

For cream of chicken soup, follow above procedure. With butter and onion, cook 125 g (¼ lb) chicken meat, diced, 2½ to 3 minutes; stir once. Use 500 mL (2 cups) of chicken broth and 250 mL (1 cup) milk; omit broccoli.

CRÈME DE BROCOLI

100 mL	de beurre ou de margarine	6 c. à soupe
15 mL	d'oignon émincé	1 c. à soupe
75 mL	de farine	5 c. à soupe
250 mL	de bouillon de poulet	1 tasse
500 mL	de lait	2 tasses
3 mL	de sel	¾ de c. à thé
	Pincée de poivre	
	Pincée de muscade (facultatif)	
1	paquet de brocoli surgelé haché, décongelé (300 g)	1

Dans un faitout de 2 L (8 tasses), mélanger le beurre et l'oignon. Cuire à "**HIGH**" 1½ à 2 minutes. Incorporer la farine. Ajouter graduellement le bouillon, le lait, le sel, le poivre et la muscade. Remuer pour obtenir un mélange homogène. Faire cuire à "**MEDIUM**" 7 à 9 minutes, ou jusqu'à ce que la soupe épaississe légèrement. Remuer à quelques reprises durant la cuisson. Ajouter le brocoli et battre en purée avec un mélangeur électrique ou un robot culinaire. Verser dans le faitout et poursuivre la cuisson à "**MEDIUM**" 3 à 4 minutes. Remuer une fois durant la cuisson.

4 portions

Variantes:

Crème de champignons: Procéder selon ci-dessus. Remplacer le brocoli par 250 mL (1 tasse) de champignons tranchés, cuits.

Crème aux épinards et crème aux asperges: Procéder selon ci-dessus. Remplacer le brocoli par 1 pàqvet (300 g) d'épinards surgelés, décongelés ou d'asperges.

Crème de poulet: Procéder selon ci-dessus. Ajouter 125 g (¼ de lb) de poulet en cubes à l'oignon et au beurre, et cuire pendant 2½ à 3 minutes. Remuer une fois durant la cuisson. Utiliser 500 mL (2 tasses) de bouillon de poulet et 250 mL (1 tasse) de lait. Omettre le brocoli.

19

HOMEMADE CHICKEN SOUP

1 to		2 to
1.3 kg	chicken parts	2½ lb
3	stalks of celery, cut-up	3
2	bay leaves	2
10 mL	peppercorns or pepper to taste	2 tsp
1	onion, sliced	1
2 L	hot water	8 cups
250 mL	carrots, shredded (2)	1 cup
250 mL	fine egg noodles	1 cup
10 mL	salt	2 tsp

In a 4 L (16 cup) casserole, combine chicken, celery, bay leaves, peppercorns, onion and water. Cover with lid.
Cook at **HIGH** 10 minutes and at **MEDIUM** 35 to 37 minutes, or until chicken is tender.
Strain broth into bowl and pour back into casserole. Add carrots, noodles and salt to broth. Cook, covered, at **MEDIUM** 7 to 8 minutes. Meanwhile, remove chicken from bone. Add chicken to soup and let stand, covered, 7 to 8 minutes or until noodles are tender.

8 servings

SOUPE AU POULET MAISON

1 à		2 à
1,3 kg	de morceaux de poulet	2½ lb
3	branches de céleri, tranchées	3
2	feuilles de laurier	2
10 mL	de poivre, moulu ou en grains	2 c. à thé
1	oignon, tranché	1
2 L	d'eau chaude	8 tasses
250 mL	de carottes râpées (2)	1 tasse
250 mL	de nouilles aux œufs fines	1 tasse
10 mL	de sel	2 c. à thé

Dans un faitout avec couvercle de 4 L (16 tasses), mélanger le poulet, le céleri, les feuilles de laurier, le poivre, l'oignon et l'eau. Couvrir.
Cuire à "HIGH" 10 minutes et à "MEDIUM" 35 à 37 minutes, ou jusqu'à ce que le poulet soit tendre. Filtrer le bouillon dans un bol et le verser à nouveau dans le faitout. Ajouter les carottes, les nouilles et le sel. Cuire couvert à "MEDIUM" 7 à 8 minutes. Entre-temps, désosser le poulet, l'ajouter à la soupe et laisser reposer couvert, 7 à 8 minutes, ou jusqu'à ce que les nouilles soient tendres.

8 portions

NEW ENGLAND CHOWDER

4	slices bacon	4
1	small onion, finely chopped	1
25 mL	flour	2 tbsp
	Milk	
1	213 mL can of minced clams, drained; reserve liquid	1
2	small potatoes, partially cooked, peeled and diced	2
5 mL	salt	1 tsp
0.5 mL	thyme	⅛ tsp
	Dash pepper	

Arrange bacon in 3 L (12 cup) casserole. Cook, covered with paper towel, at **HIGH** 3 to 4 minutes. Remove and crumble; set aside. To bacon drippings, add onion. Cook at **HIGH** 2 minutes; stir in flour. Add enough milk to reserved liquid to equal 625 mL (2½ cups); gradually stir into dish. Add potatoes, salt, thyme and pepper. Cook, covered with lid, at **HIGH** 5 minutes and at **MEDIUM** 5 minutes; stir once. Stir in clams. Cook, covered, at **MEDIUM** 5 minutes. Let stand, covered, 3 minutes; top with bacon.

4 servings

BOUILLABAISSE "NOUVELLE-ANGLETERRE"

4	tranches de bacon	4
1	petit oignon, émincé	1
25 mL	de farine	2 c. à soupe
	Lait	
1	boîte de 213 mL de palourdes émincées, égouttées (conserver le liquide)	1
2	petites pommes de terre, partiellement cuites, pelées et coupées en dés	2
5 mL	de sel	1 c. à thé
0,5 mL	de thym	⅛ de c. à thé
	Pincée de poivre	

Dans un faitout avec couvercle de 3 L (12 tasses), disposer le bacon et couvrir d'un essuie-tout. Faire cuire à "HIGH" 3 à 4 minutes. Retirer et émietter, puis mettre de côté. Dans le jus du bacon, ajouter l'oignon et faire cuire à "HIGH" 2 minutes. Incorporer la farine. Ajouter assez de lait au bouillon de palourdes pour obtenir 625 mL (2½ tasses) de liquide. Incorporer graduellement à l'oignon. Ajouter les pommes de terre, le sel, le thym et le poivre. Couvrir et faire cuire à "HIGH" 5 minutes, puis à "MEDIUM" 5 minutes. Remuer une fois durant la cuisson. Incorporer les palourdes. Couvrir et poursuivre la cuisson à "MEDIUM" 5 minutes. Laisser reposer, à couvert, pendant 3 minutes. Garnir de bacon.

4 portions

FRENCH ONION SOUP

50	mL	butter or margarine	¼ cup
3		medium onions, sliced	3
750	mL	beef broth	3 cups
250	mL	water*	1 cup
5	mL	Worcestershire sauce	1 tsp
		Salt and pepper to taste	
		Croutons	
		Grated Parmesan cheese	

Combine butter and onions in 3 L (12 cup) casserole. Cover with lid. Cook at **HIGH** 7 to 10 minutes. Stir in broth, water, Worcestershire sauce, salt and pepper; cover. Cook at **HIGH** 9 to 10 minutes and at **MEDIUM-HIGH** 10 minutes.
Let stand, covered, 4 minutes before serving. Serve with croutons and cheese.

4 servings

*Variation: Use 125 mL (½ cup) water and 125 mL (½ cup) white wine.

SOUPE À L'OIGNON À LA FRANÇAISE

50	mL	de beurre ou de margarine	¼ de tasse
3		oignons moyens, tranchés	3
750	mL	de bouillon de bœuf	3 tasses
250	mL	d'eau*	1 tasse
5	mL	de sauce Worcestershire	1 c. à thé
		Sel et poivre au goût	
		Croûtons	
		Fromage parmesan, râpé	

Dans un faitout avec couvercle de 3 L (12 tasses), mélanger le beurre et les oignons. Couvrir et faire cuire à **"HIGH"** 7 à 10 minutes. Incorporer le bouillon, l'eau, la sauce Worcestershire, le sel et le poivre. Couvrir et faire cuire à **"HIGH"** 9 à 10 minutes, puis à **"MEDIUM-HIGH"** 10 minutes.
Laisser reposer, couvert, 4 minutes. Garnir de croûtons et de fromage avant de servir.

4 portions

*Variante: Utiliser 125 mL (½ tasse) d'eau et 125 mL (½ tasse) de vin blanc.

VICHYSSOISE

50	mL	butter or margarine	¼ cup
3		medium leeks, white part sliced	3
375	mL	chicken broth	1½ cups
2	mL	salt	½ tsp
0.5	mL	pepper	⅛ tsp
2		medium potatoes, baked (see chart)	2
375	mL	milk	1½ cups
250	mL	heavy cream	1 cup
15	mL	sherry, optional	1 tbsp
		Chopped chives, optional	

Combine butter and leeks in 2 L (8 cup) casserole. Cook at **HIGH** 3 to 5 minutes; stir in broth, salt and pepper. Cook, covered, with lid, at **HIGH** 3 to 5 minutes and at **MEDIUM-HIGH** 6 minutes. Meanwhile, peel and dice potatoes. With electric mixer, blender or food processor, purée potatoes, broth mixture and milk. Return to dish. Cook, covered, at **MEDIUM-HIGH** 3 to 4 minutes; stir in cream and sherry. Chill thoroughly and garnish, if desired, with chopped chives before serving.

4 servings

Note: This soup is also delicious piping hot!

VICHYSSOISE

50	mL	de beurre ou de margarine	¼ de tasse
3		pieds de poireau, tranchés	3
375	mL	de bouillon de poulet	1½ tasse
2	mL	de sel	½ c. à thé
0,5	mL	de poivre	⅛ de c. à thé
2		pommes de terre moyennes, cuites au four (voir le tableau)	2
375	mL	de lait	1½ tasse
250	mL	de crème à fouetter	1 tasse
15	mL	de xérès (facultatif)	1 c. à soupe
		Ciboulette hachée (facultatif)	

Dans un faitout avec couvercle de 2 L (8 tasses), mélanger le beurre et les poireaux. Faire cuire à **"HIGH"** 3 à 5 minutes. Incorporer le bouillon, le sel et le poivre. Couvrir et poursuivre la cuisson à **"HIGH"** 3 à 5 minutes, puis à **"MEDIUM-HIGH"** 6 minutes. Entre-temps, peler et couper les pommes de terre en dés. À l'aide d'un batteur électrique, d'un mélangeur ou d'un robot culinaire, réduire en purée les pommes de terre, le mélange de bouillon et le lait. Verser dans le faitout, couvrir et faire cuire à **"MEDIUM-HIGH"** 3 à 4 minutes. Incorporer la crème et le xérès.
Bien réfrigérer et, si désiré, garnir de ciboulette hachée avant de servir.

4 portions

Remarque: Cette soupe est également délicieuse très chaude.

Meats
Viandes

General directions for roasting tender-cuts of meat

For best results, select roasts that are uniform in shape.

Season as desired, but salt after cooking. Browning sauce mixed with equal parts of butter will enhance the colour when brushed on before cooking.

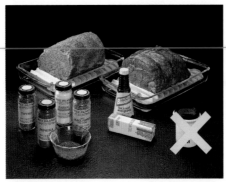

Meats can be shielded at the beginning of cooking or halfway through cooking. If you wish to shield at the beginning of cooking, remove foil halfway through the cooking time. Beef and pork rib roasts should be shielded by the bones. Foil should extend about 5 cm (2-inch) down from bones. The shank bone on a lamb roast should be cupped with foil. Thin ends of boneless roasts should also be shielded.

Hams should be shielded by wrapping a 7 cm (3-inch) wide strip of foil around the large end of the ham. Secure to the body of the ham with wooden toothpicks. Fold 3.5 cm (1½-inch) over cut surface. For shank ham halves, shield shank bone by cupping it with foil. Cover with plastic wrap. One-third of the way through cooking, remove ham from oven and cut off skin. Turn fat-side up and reshield edges. Cover with plastic wrap. If desired, glaze during last 10 to 20 minutes of cooking.

Place meat on microwave roasting rack set in an oblong dish. Beef Rib Roast should be placed cut-side down. Roast should be placed fat-side down and turned over halfway through the cooking time.
Loosely cover dish with waxed paper. If necessary, drain juices from bottom of dish.

Pork should be cooked in a covered dish or be covered with plastic wrap. Cook according to the power and time recommended on the chart. Turn roast over twice.

Cuisson des viandes tendres

Pour de meilleurs résultats, choisir des rôtis de forme régulière.

Assaisonner au goût, mais ne saler qu'après la cuisson. Pour donner au rôti une belle couleur dorée, le badigeonner avant la cuisson de sauce à brunir mélangée avec la même quantité de beurre.

Les viandes peuvent être protégées au début ou à mi-cuisson. Si la viande est protégée au début, enlever le papier d'aluminium à mi-cuisson. Les rôtis de côtes de bœuf et de porc doivent être protégés près des os, jusqu'à environ 5 cm (2 po) de l'os. Protéger l'os d'un gigot d'agneau avec du papier d'aluminium. De même, protéger les parties minces d'un rôti désossé.

Protéger les moitiés de jambon en enroulant une bande de papier d'aluminium de 7 cm (3 po) de largeur autour de l'extrémité la plus large. La fixer avec des cure-dents en bois. Replier environ 3,5 cm (1½ po) de la feuille sur la surface coupée. S'il s'agit de moitiés de jarret, protéger l'os du jarret en le couvrant de papier d'aluminium. Couvrir d'une pellicule plastique. À un tiers de la cuisson, enlever le jambon du four et retirer la couenne. Placer le côté gras sur le dessus et recouvrir les extrémités avec du papier d'aluminium. Couvrir d'une pellicule plastique. Si désiré, glacer durant les dernières 10 à 20 minutes de cuisson.

Déposer la viande sur une grille à rissoler dans un plat de cuisson oblong. Les rôtis de côtes de bœuf doivent être disposés le côté coupé en bas. Placer les rôtis le côté gras en bas. À la mi-cuisson, retourner les rôtis.
Couvrir le plat de papier ciré en évitant de sceller complètement. Égoutter de temps en temps le jus de cuisson.

Le porc doit être cuit sous couvert ou recouvert d'une pellicule plastique. Cuire selon l'intensité et la durée recommandée au tableau. Retourner les rôtis deux fois.

23

Directions for cooking tender cuts by sensor S

Follow the general directions for seasoning and browning agents. Place roast on a rack in a dish. Cover with waxed paper. For pork cover roast completely with plastic wrap.
Use the **Meat** pad and select **Rare**, **Medium** or **Well** done as indicated on the chart.

Directions for cooking less-tender cuts by time

Less tender cuts such as pot roasts should be cooked in liquid. Use at least 125 to 250 mL (½ to 1 cup) of soup, broth, etc. so that meat is submerged. Use an oven cooking bag or covered casserole when cooking less tender cuts of meat. Select a covered casserole deep enough so that the meat does not touch the lid.
If an oven cooking bag is used, prepare the bag according to package directions.
Multiply weight by time recommended for roasts. Program oven. Check when minimum time has lapsed. Turn meat over halfway through cooking. Meat should be fork tender when done.

Directions for cooking less-tender cuts by sensor S

Less tender cuts such as pot roasts should be cooked in liquid. Use 250 mL (1 cup) of liquid such as soup or broth per 500 g (1 lb) of meat. Cook in a 4 L (16 cup) covered casserole. Do not use an oven cooking bag.
Cook on **Meat·Well**. When time appears in display window turn meat over. Meat should be fork tender when done.

After cooking, check temperature using a meat thermometer. The thermometer should not touch bone or fat. If it does, the reading could be inaccurate. Lower temperatures are found in the center of the roast. If the temperatures are low, return meat to the oven and cook a few more minutes at the recommended power level.
Do not use a conventional meat thermometer in the microwave oven.
Let stand, tented with foil, 10 to 15 minutes. Temperature will rise 3°C to 8°C (5°F to 15°F) on standing.

Cuisson par senseur des viandes tendres S

Pour l'assaisonement et l'ajout de sauce à brunir, suivre les directives générales. Mettre le rôti sur grille dans un plat. Couvrir de papier ciré. Couvrir le porc complètement avec une pellicule plastique.
Utiliser la touche **Meat** et choisir **Rare**, **Medium** ou **Well** selon l'indication au tableau.

Cuisson par la durée des viandes moins tendres

Les morceaux de viande moins tendres, comme les pot-au-feu, doivent baigner dans un liquide. Utiliser au moins 125 à 250 mL (½ à 1 tasse) de soupe, de bouillon, etc. afin de couvrir toute la viande. Utiliser un sac de cuisson ou un faitout avec couvercle. Choisir un faitout assez grand pour que la viande ne touche pas le couvercle. Préparer le sac de cuisson selon les directives du fabricant.
Multiplier le poids du rôti par le nombre minimum de minutes recommandée au tableau. Programmer le four. Retourner la viande à mi-cuisson. Vérifier le degré de cuisson une fois la durée minimale de cuisson écoulée. La viande est cuite lorsqu'elle s'émiette à la fourchette.

Cuisson des viandes moins tendres par senseur S

Les viandes moins tendres, comme celles qui sont utilisées pour les pot-au-feu par exemple, doivent baigner dans un liquide. Utiliser environ 250 mL (1 tasse) de soupe, de bouillon, etc. par 500 g de viande. Les faire cuire dans un faitout de 4 L (16 tasses) avec couvercle. Ne pas utiliser de sac de cuisson.
Cuire à **Meat·Well**. Lorsque la durée s'affiche au registre, retourner la viande. La viande est cuite lorsqu'elle est tendre et s'émiette à la fourchette. Après la cuisson, vérifier la température interne de la viande avec un thermomètre à viande. Pour des résultats exacts, le thermomètre ne doit pas être en contact avec un os ni de la graisse. La température est en général plus basse au milieu de la viande. Si la température est inférieure à celle recommandée, remettre la viande au four et cuire encore quelques minutes au réglage d'intensité indiqué.
Ne jamais utiliser de thermomètre à viande conventionnel dans un four micro-ondes.
Laisser reposer, couvert de papier d'aluminium, 10 à 15 minutes avant de servir. La température augmentera de 3°C à 8°C (5°F à 15°F) durant la période d'attente.

Meat roasting chart

Meat	Power	Approximate cooking time		Approximate temperature after standing
		Minutes per kg	Minutes per lb	
Beef				
Beef Roast				
Rare	**MEDIUM-LOW**	19 to 24	9 to 13	55°C (130°F)
Medium	**MEDIUM-LOW**	23 to 29	11 to 14	60°C (140°F)
Well	**MEDIUM-LOW**	29 to 37	14 to 18	70°C (160°F)
*Pot Roast				
Chuck, Rump	**LOW**	50 to 60	25 to 30	
Pork				
Roast	**MEDIUM-LOW**	26 to 29	12½ to 14½	77°C (170°F)
Ham (fully cooked), canned	**MEDIUM-LOW**	20 to 22	9 to 10	52°C (125°F)
1.5 to 2.5 kg (3 to 5 lb)				
Shank [up to 4 kg (8 lb)]	**MEDIUM-LOW**	23 to 25	11 to 12	52°C (125°F)
Lamb	**HIGH, then**	15 minutes		
Medium	**MEDIUM-LOW**	25 to 31	12 to 15	60°C (140°F)
Well	**MEDIUM-LOW**	31 to 37	15 to 18	70°C (160°F)
Veal				
Medium	**MEDIUM-LOW**	21 to 25	10 to 12	65°C (150°F)
Well	**MEDIUM-LOW**	25 to 29	12 to 14	70°C (160°F)

*These meats should be heated in a cooking bag or covered casserole surrounded with liquid.

Cuisson des viandes

Aliment	Intensité	Durée de cuisson approx.		Température approx. après la période d'attente
		En minutes par kg	En minutes par lb	
Bœuf				
Rôti de Bœuf	**"MEDIUM-LOW"**	19 à 24	9 à 13	55°C (130°F)
saignant	**"MEDIUM-LOW"**	23 à 29	11 à 14	60°C (140°F)
à point	**"MEDIUM-LOW"**	29 à 37	14 à 18	70°C (160°F)
bien cuit				
*Rôti braisé de	**"LOW"**	50 à 60	25 à 30	
paleron ou de croupe				
Porc				
Rôti	**"MEDIUM-LOW"**	26 à 29	12½ à 14½	77°C (170°F)
Jambon précuit, en boîte	**"MEDIUM-LOW"**	20 à 22	9 à 10	52°C (125°F)
1,5 à 2,5 kg (3 à 5 lb)				
Cuisse, jusqu'à [4 kg (8 lb)]	**"MEDIUM-LOW"**	23 à 25	11 à 12	52°C (125°F)
Agneau	**"HIGH", puis**	15 minutes		
à point	**"MEDIUM-LOW"**	25 à 31	12 à 15	60°C (140°F)
bien cuit	**"MEDIUM-LOW"**	31 à 37	15 à 18	70°C (160°F)
Veau				
à point	**"MEDIUM-LOW"**	21 à 25	10 à 12	65°C (150°F)
bien cuit	**"MEDIUM-LOW"**	25 à 29	12 à 14	70°C (160°F)

*Ces pièces de viande doivent être cuites dans un sac de cuisson ou baignant dans un liquide dans un faitout couvert.

Directions for cooking meat portions

Meat may be brushed with browning sauce mixed with equal parts of melted butter to enhance appearance.
Pierce sausage links with fork and score wieners before cooking.
Arrange food in a single layer in dish. A rack may be used to elevate fatty meats.
Cover most meats with waxed paper and pork with plastic wrap.
Place side bacon on a rack and cover with paper towel.
When not using a rack up to six bacon slices may be placed between layers of paper towels. Cook according to time given in chart. Turn or rearrange as required.
Let stand according to recommended time in chart.

Cuisson des viandes

Badigeonner la viande d'un mélange de sauce à brunir et de beurre fondu afin d'obtenir une belle apparence dorée. Percer la peau des saucisses en chapelet à l'aide d'une fourchette et fendre les saucisses fumées avant la cuisson.
Disposer la viande en une seule couche dans un plat de cuisson. Pour les viandes qui ont du gras, utiliser une grille à rissoler pour aider à égoutter la graisse.
Couvrir la plupart des viandes de papier ciré et le porc d'une pellicule plastique.
Disposer les tranches de bacon sur une grille à rissoler et couvrir d'un essuie-tout. Si la grille à rissoler n'est pas disponible, disposer un maximum de six tranches de bacon entre deux essuie-tout. Cuire selon les directives du tableau. Retourner et redisposer si nécessaire.
Respecter les durées d'attente.

Item	Amount	Time cooking		Stand time (in minutes)
		Power	Approximate cooking time (in minutes)	
Bacon, slices	2 6	MEDIUM-HIGH	2 to 2½ 6 to 8	1 1
Peameal bacon, slices 30 g (1 oz) ea.	2 8	MEDIUM-HIGH	2 to 2½ 6 to 8	2 2
Wieners, scored	1 2	HIGH	¼ to ½ ¾ to 1	1 1
Hamburgers 120 g (4 oz) ea.	1 2	MEDIUM-HIGH	1½ to 2 2 to 3	2 2
Ham, sliced 2.5 cm (1-inch) thick	750 g (1½ lb)	MEDIUM-HIGH	10 to 12	5
Lamb chops, shoulder 140 g (5 oz) ea.	2 4	MEDIUM	4 to 6 7 to 9	5 5
Pork chop, rib or loin 140 g (5 oz) ea.	2 4	MEDIUM	6 to 7 9 to 11	5 5
Sausage, Breakfast uncooked pork 30 to 60 g (1 to 2 oz) ea.	4 8	MEDIUM-HIGH	1 to 3 4 to 6	1 2
Sausage, fresh 90 to 100 g (Italian) (3 to 4 oz) ea.	4 8	MEDIUM-HIGH	4 to 6 8 to 10	1 2

Aliment	Quantité	Cuisson par la durée		Durée d'attente (en minutes)
		Intensité	Durée de cuisson approx. (en minutes)	
Tranches de bacon	2 6	"MEDIUM-HIGH"	2 à 2½ 6 à 8	1 1
Tranches de bacon canadien ("peameal") 30 g (1 oz) chacun	2 8	"MEDIUM-HIGH"	2 à 2½ 6 à 8	2 2
Saucisses fumées, fendues	1 2	"HIGH"	¼ à ½ ¾ à 1	1 1
Hamburgers 120 g (4 oz) chacun	1 2	"MEDIUM-HIGH"	1½ à 2 2 à 3	2 2
Jambon, en tranches de 2,5 cm (1 po) d'épaisseur	750 g (1½ lb)	"MEDIUM-HIGH"	10 à 12	5
Côtelettes d'agneau, épaule 140 g (5 oz) chacune	2 4	"MEDIUM"	4 à 6 7 à 9	5 5
Côtelettes de porc, côte ou longe, 140 g (5 oz) chacune	2 4	"MEDIUM"	6 à 7 9 à 11	5 5
Saucisses à déjeuner, porc non cuit, 30 à 60 g (1 à 2 oz) chacune	4 8	"MEDIUM-HIGH"	1 à 3 4 à 6	1 2
Saucisses, à l'italienne, fraîches, 90 à 100 g (3 à 4 oz) chacune	4 8	"MEDIUM-HIGH"	4 à 6 8 à 10	1 2

BEEF BOURGUIGNON

125 g	salt pork, diced	¼ lb
250 g	whole button mushrooms	½ lb
20	silver skin onions	20
	or	
4	cooking onions, cut	4
1 kg	beef chuck or round, cubed	2 lb
25 mL	Kitchen Bouquet	2 tbsp
1	carrot, finely grated	1
5 mL	salt	1 tsp
2 mL	pepper	½ tsp
2 mL	thyme	½ tsp
1	bay leaf	1
375 mL	burgundy red wine	1½ cups
15 mL	tomato paste	1 tbsp
1	clove garlic, chopped	1
50 mL	parsley, chopped	¼ cup
25 mL	soft butter	2 tbsp
25 mL	flour	2 tbsp

To skin onions cover with boiling water and cook at **HIGH** 1 minute. Immediately put into cold water and slip off skins. In a 4 L (16 cup) casserole cook salt pork at **HIGH** 1 minute. Stir in onions and mushrooms. Cover and cook at **HIGH** 3 to 5 minutes, stirring once. Coat beef pieces with Kitchen Bouquet by tossing in a plastic bag. Add to the casserole along with remaining ingredients except butter and flour. Cover meat with a small plate to hold it beneath the liquid. Cook at **HIGH** 10 minutes and **MEDIUM** 35 to 40 minutes or until beef is tender. Combine butter and flour. Stir into the casserole. Cover and cook at **HIGH** 5 minutes.

6 servings

Coat pieces of meat with Kitchen Bouquet to produce the desired color.

Enrober les cubes de viande de sauce pour donner de la couleur et du goût.

Put a small plate over the meat to hold it beneath the liquid.

Couvrir la viande avec une assiette pour la maintenir dans le liquide.

BŒUF BOURGUIGNON

125 g	de lard salé, coupé en dés	¼ lb
250 g	de petits champignons, entiers	½ lb
20	petits oignons	20
	ou	
4	gros oignons, hachés	4
1 kg	de palette de bœuf, en cubes	2 lb
25 mL	de sauce "Kitchen Bouquet"	2 c. à soupe
1	carotte, râpée	1
5 mL	de sel	1 c. à thé
2 mL	de poivre	½ c. à thé
2 mL	de thym	½ c. à thé
1	feuille de laurier	1
375 mL	de vin rouge de bourgogne	1½ tasse
15 mL	de pâte de tomate	1 c. à soupe
1	gousse d'ail, finement hachée	1
50 mL	de persil, haché	¼ tasse
25 mL	de beurre, ramolli	2 c. à soupe
25 mL	de farine	2 c. à soupe

Pour blanchir les petits oignons, couvrir d'eau bouillante et cuire à **"HIGH"** 1 minute. Rincer à l'eau froide et éplucher. Dans un faitout de 4 L (16 tasses), cuire le lard salé à **"HIGH"** 1 minute. Incorporer les oignons et les champignons. Couvrir et cuire à **"HIGH"** 6 à 8 minutes. Remuer une fois durant la cuisson. Déposer le bœuf et la sauce dans un sac en plastique et bien mélanger. Transférer le bœuf au faitout avec le reste des ingrédients, sauf le beurre et la farine. Couvrir la viande d'une petite assiette pour la maintenir submergée. Cuire à **"HIGH"** 10 minutes et à **"MEDIUM"** 35 à 40 minutes, ou jusqu'à ce que le bœuf soit tendre. Mélanger le beurre et la farine. Incorporer au bœuf et couvrir. Cuire à **"HIGH"** 5 minutes ou jusqu'à ce que la sauce épaississe.

6 portions

Stir in flour to thicken sauce.

Épaissir avec de la farine avant de servir.

BEEF STEW █S█

1 kg	boneless beef, cut into 2.5 cm (1-inch) cubes	2 lb	
10	Kitchen bouquet	2 tsp	
1	beef bouillon cube	1	
1	Stalk celery, sliced	1	
500 mL	water	2 cups	
4	medium carrots, thinly sliced	4	
3	potatoes peeled, cut into 2.5 cm (1-inch) cubes	3	
2 mL	pepper	½ tsp	
2 mL	salt	½ tsp	
1	bay leaf	1	
1	300 g package frozen peas	1	
50 mL	flour	¼ cup	

Coat beef with bouquet sauce. In 4 L (16 cup) casserole, combine beef, water, bouillon, celery, carrots, potatoes and spices. Cover with lid.

TO COOK BY SENSOR: Cook on ▢Meat-Well▢. After time appears in display window, stir occasionally.

TO COOK BY TIME: Cook at **HIGH** 7 to 8 minutes and at **MEDIUM-LOW** 55 to 60 minutes, or until tender. Stir occasionally.

TO COMPLETE: Add peas and flour blended with 50 mL water. Cook at **HIGH** 4 to 6 minutes, or until stew is thickened; stir occasionally.

8 servings

RAGOÛT DE BŒUF █S█

1 kg	de bœuf désossé, coupé en cubes de 2,5 cm (1 po)	2 lb	
10 mL	de sauce "Kitchen Bouquet"	2 c. à soupe	
1	cube de bouillon de bœuf	1	
1	pied de céleri, tranché	1	
500 mL	d'eau	2 tasses	
4	carottes moyennes, finement tranchées	4	
3	pommes de terre, pelées et coupées en cubes de 2,5 cm (1 po)	3	
2 mL	de sel	½ c. à thé	
2 mL	de poivre	½ c. à thé	
1	feuille de laurier	1	
1	paquet de pois verts, surgelés (300 g)	1	
50 mL	de farine	¼ de tasse	

Enrober la viande de la sauce "Kitchen Bouquet". Dans un faitout avec couvercle de 4 L (16 tasses), mélanger le bœuf, l'eau, le bouillon, les carottes, les pommes de terre et les épices. Couvrir.

CUISSON PAR SENSEUR: Cuire à ▢Meat-Well▢. Une fois la durée affichée au registre, remuer à quelques reprises.

CUISSON PAR LA DURÉE: Cuire à "HIGH" 7 à 8 minutes, puis à "MEDIUM-LOW" 55 à 60 minutes ou jusqu'à ce que la viande et les légumes soient tendres. Remuer de temps à autre durant la cuisson.

POUR COMPLÉTER: Incorporer les pois. Délayer la farine avec de l'eau. Cuire à "HIGH" 4 à 6 minutes, ou jusqu'à ce que le ragoût épaississe. Remuer à quelques reprises durant la cuisson.

8 portions

MEAT LOAF █S█

750 g	ground beef	1½ lb	
1	egg	1	
125 mL	dry bread crumbs	½ cup	
75 mL	ketchup	⅓ cup	
75 mL	finely chopped onion	⅓ cup	
25 mL	milk or water	2 tbsp	
5 mL	Worcestershire sauce	1 tsp	
2 mL	salt	½ tsp	
1 mL	pepper	¼ tsp	

Combine all ingredients. Place mixture in a 20×10 cm (8×4-inch) loaf pan.

TO COOK BY SENSOR: Cover with plastic wrap. Cook on ▢Meat-Med▢. After cooking, release plastic wrap.

TO COOK BY TIME: Cover with waxed paper. Cook at **MEDIUM-HIGH** 16 to 20 minutes.

For individual meat loaves: Cook in custard cups at **MEDIUM** 2 to 3 minutes per cup.

TO COMPLETE: Drain liquid occasionally. If necessary, shield ends of loaf with aluminium foil halfway through cooking. Let stand, covered, 5 minutes before serving.

6 servings

Hint: While meat loaf is standing, cook 250 mL (1 cup) gravy or seasoned tomato sauce; pour over loaf.

PAIN DE VIANDE █S█

750 g	de bœuf haché	1½ lb	
1	œuf	1	
125 mL	de chapelure	½ tasse	
75 mL	de ketchup	⅓ de tasse	
75 mL	d'oignon, émincé	⅓ de tasse	
25 mL	de lait ou d'eau	2 c. à soupe	
5 mL	de sauce Worcestershire	1 c. à thé	
2 mL	de sel	½ c. à thé	
1 mL	de poivre	¼ de c. à thé	

Mélanger tous les ingrédients. Mettre dans un moule à pain de 20×10 cm (8×4 po).

CUISSON PAR SENSEUR: Couvrir le plat d'une pellicule plastique. Faire cuire au programme ▢Meat-Med▢. La cuisson terminée, desserrer la pellicule plastique.

CUISSON PAR LA DURÉE: Couvrir le plat d'une feuille de papier ciré et cuire à "MEDIUM-HIGH" 16 à 20 minutes.

Pour des petits pains de viande: Verser le mélange de viande dans des moules à flan. Cuire à "MEDIUM" 2 à 3 minutes par moule.

POUR COMPLÉTER: Égoutter le liquide à quelques reprises. Si nécessaire, couvrir les extrémités du pain de viande d'une feuille de papier d'aluminium à la mi-cuisson. Laisser reposer, couvert, 5 minutes avant de servir.

6 portions

Conseil: Durant la période d'attente, réchauffer 250 mL (1 tasse) de sauce brune ou de sauce aux tomates assaisonnée. Verser sur le pain de viande.

MUSHROOM STUFFED STEAK ROLLS **S**

125 g	fresh mushrooms, finely chopped	¼ lb
1	small onion, finely chopped	1
25 mL	butter or margarine	2 tbsp
500 mL	soft bread crumbs	2 cups
15 mL	parsley flakes	1 tbsp
500 to		1 to
750 g	top round steak, cut into 4 pieces	1½ lb
	Salt and pepper to taste	
1	291 mL can beef gravy 1	

In a medium glass bowl, combine mushrooms, onion and butter. Cook at **HIGH** 2 to 3 minutes. Stir in bread crumbs and parsley flakes. Pound steak thin for rolling. Season one side with salt and pepper. Place mushroom mixture on seasoned side of each steak and roll up jelly-roll style. Tie with cotton string or secure with wooden toothpicks. Arrange rolls in a 20 cm (8-inch) square dish; top with gravy.

TO COOK BY SENSOR: Cover dish with plastic wrap. Cook on Meat-Med . After time appears in the display window turn rolls over. Recover. After cooking, release plastic wrap.

TO COOK BY TIME: Cover with plastic wrap. Cook at **MEDIUM-HIGH** 5 minutes and at **MEDIUM** 8 to 12 minutes. Turn rolls over, halfway through cooking; recover.

TO COMPLETE: Let stand, covered, 5 minutes before serving.

4 servings

STEAK FARCI AUX CHAMPIGNONS **S**

125 g	de champignons frais, finement hachés	¼ lb
1	petit oignon, finement haché	1
25 mL	de beurre ou de margarine	2 c. à soupe
500 mL	de chapelure fraîche	2 tasses
15 mL	de flocons de persil	1 c. à soupe
500 à		1 à
750 g	de steak de haut de ronde, coupé en 4	1½ lb
	Sel et poivre au goût	
1	boîte de sauce au bœuf (291 mL)	1

Dans un bol moyen, en verre, mélanger les champignons, l'oignon et le beurre. Cuire à **"HIGH"** 2 à 3 minutes. Incorporer la chapelure et le persil. Attendrir le steak jusqu'à ce qu'il soit assez mince pour être roulé. Saler et poivrer le dessus de chaque steak et y déposer le mélange de champignons. Rouler les steaks. Ficeler ou fixer à l'aide de cure-dents en bois. Disposer dans un plat carré de 20 cm (8 po) et napper de sauce.

CUISSON PAR SENSEUR: Couvrir d'une pellicule plastique. Cuire à Meat-Med . Lorsque la durée de cuisson s'affiche au registre, retourner la viande. Recouvrir. Après la cuisson, desserrer la pellicule plastique.

CUISSON PAR LA DURÉE: Recouvrir d'une pellicule plastique. Cuire à **"MEDIUM-HIGH"** 5 minutes, puis à **"MEDIUM"** 8 à 12 minutes. Retourner les steaks à mi-cuisson. Recouvrir.

POUR COMPLÉTER: Laisser reposer, couvert, pendant 5 minutes avant de servir.

4 portions

ITALIAN MEATBALLS **S**

500 g	ground beef	1 lb
1	egg	1
375 mL	soft bread crumbs	1½ cups
50 mL	water or milk	¼ cup
25 to		2 to
45 mL	grated Parmesan cheese	3 tbsp
3 mL	oregano	¾ tsp
5 mL	parsley	1 tsp
2 mL	onion powder	½ tsp
2 mL	garlic powder	½ tsp

Combine all ingredients and shape into 3.5 cm (1½-inch) meatballs (about 20). Arrange in a shallow dish.

TO COOK BY SENSOR: Cover with plastic wrap. Cook on Meat-Rare , Stir when time appears.

TO COOK BY TIME: Cover with waxed paper. Cook at **MEDIUM-HIGH** 7 to 9 minutes stir once.

TO COMPLETE: Let stand 3 minutes.

4 servings

BOULETTES À L'ITALIENNE **S**

500 g	de bœuf haché	1 lb
1	œuf	1
375 mL	de chapelure fraîche	1½ tasse
50 mL	d'eau ou de lait	¼ de tasse
25 à		2 à
45 mL	de fromage parmesan, râpé	3 c. à soupe
3 mL	d'origan	¾ de c. à thé
5 mL	de persil	1 c. à thé
2 mL	de poudre d'oignon	½ c. à thé
2 mL	de poundre d'ail	½ c. à thé

Mélanger tous les ingrédients et former des boulettes (environ 20) de 3,5 cm (1½ po) de diamètre. Disposer dans un plat de cuisson peu profond.

CUISSON PAR SENSEUR: Cuire à Meat-Rare .

CUISSON PAR LA DURÉE: Cuire à **"MEDIUM-HIGH"** 7 à 9 minutes.

POUR COMPLÉTER: Laisser reposer 3 minutes.

4 portions

BEEF WITH BROCCOLI

15 mL	oil	1 tbsp
375 g	sirloin steak, cut in thin strips	¾ lb
1	clove garlic, finely chopped	1
0.5 mL	ginger	⅛ tsp
	or	
5 mL	grated ginger	1 tsp
375 mL	broccoli flowerets	1½ cups
125 mL	beef broth	½ cup
15 mL	sherry	1 tbsp
15 mL	soy sauce	1 tbsp
15 mL	cornstarch	1 tbsp
	Toasted sesame seeds	

Heat oil in a 1 L (4 cup) at **HIGH** 3 to 4 minutes. Stir in garlic and ginger. Cook at **HIGH** 1 minute. Add beef, broccoli, broth, sherry and soy sauce, Cook at **HIGH** 4 minutes, stirring several times. Stir in cornstarch and cook at **HIGH** 1 to 2 minutes, stirring to thicken. Top with sesame seeds.

4 servings

BŒUF AU BROCOLI

15 mL	d'huile	1 c. à soupe
375 g	de steak surlonge, coupé en fines lanières	¾ lb
1	gousse d'ail, émincée	1
0,5 mL	de gingembre	⅛ de c. à thé
	ou	
5 mL	de gingembre râpé	1 c. à thé
375 mL	de têtes de brocoli	1½ tasse
125 mL	de bouillon de bœuf	½ tasse
15 mL	de xérès	1 c. à soupe
15 mL	de sauce de soja	1 c. à soupe
15 mL	de fécule de maïs	1 c. à soupe
	Graines de sésame grillées	

Dans un faitout de 1 L (4 tasses), faire chauffer l'huile à **"HIGH"** 3 à 4 minutes. Ajouter l'ail et le gingembre. Cuire à **"HIGH"** 1 minute. Ajouter le bœuf, le brocoli, le bouillon, le xérès et la sauce de soja. Cuire à **"HIGH"** 4 minutes. Incorporer la fécule de maïs et cuire à **"HIGH"** 1 à 2 minutes. Remuer pour épaissir. Garnir de graines de sésame.

4 portions

EASY LASAGNA

250 g	ground beef	½ lb
1	796 mL can spaghetti sauce	1
150 mL	water	⅔ cup
500 g	ricotta or cottage cheese	1 lb
1	egg, slightly beaten	1
2 mL	salt	½ tsp
2 mL	pepper	½ tsp
9	lasagna noodles (uncooked)	9
250 g	Mozzarella cheese, grated	½ lb
50 mL	grated Parmesan cheese	¼ cup

Crumble ground beef in large glass bowl. Cook at **HIGH** 2 to 3 minutes, or until beef is browned; stir once. Drain. Stir in spaghetti sauce and water. Cook at **HIGH** 4 to 5 minutes or until bubbly.
Meanwhile, combine ricotta cheese, egg, salt and pepper. Spoon 125 mL (½ cup) sauce in 30×20 cm (12×8-inch) dish. Alternately layer noodles, egg mixture, Mozzarella cheese and sauce, forming 3 layers. Cook, covered with plastic wrap, at **HIGH** 8 minutes and at **MEDIUM** 25 to 30 minutes, or until noodles are tender. If necessary, shield ends of dish with foil, during last 10 minutes of cooking time. Sprinkle with Parmesan cheese; let stand, covered, 15 minutes before serving.

6 servings

LASAGNE

250 g	de bœuf haché	½ lb
1	bocal de sauce à spaghetti (796 mL)	1
150 mL	d'eau	⅔ de tasse
500 g	de fromage ricotta ou cottage	1 lb
1	œuf, légèrement battu	1
2 mL	de sel	½ c. à thé
2 mL	de poivre	½ c. à thé
9	nouilles à lasagne, non cuites	9
250 g	de fromage mozzarella,	½ lb
50 mL	de fromage parmesan râpé	¼ de tasse

Dans un grand bol en verre, émietter le bœuf haché. Cuire à **"HIGH"** 2 à 3 minutes, ou jusqu'à ce que le bœuf brunisse. Remuer une fois durant la cuisson. Égoutter. Incorporer la sauce à spaghetti et l'eau. Cuire à **"HIGH"** 4 à 5 minutes, ou jusqu'à bouillonnement. Entre-temps, mélanger le fromage ricotta, l'œuf, le sel et le poivre. À la cuillère, mettre une portion de sauce dans un plat de 30×20 cm (12×8 po). Alterner sur trois couches les nouilles, le mélange à l'œuf, le fromage mozzarella et la sauce. Couvrir d'une pellicule plastique et faire cuire à **"HIGH"** 8 minutes, puis à **"MEDIUM"** 25 à 30 minutes, ou jusqu'à ce que les nouilles soient tendres. Au besoin, protéger les extrémités du plat avec du papier d'aluminium pendant les 10 dernières minutes de cuisson. Saupoudrer de fromage parmesan. Laisser reposer, couvert, 15 minutes avant de servir.

6 portions

VEAL PAPRIKA S

500 g	boneless veal, cut into 3.5 cm (1½-inch) cubes	1 lb
250 g	fresh mushrooms, sliced	½ lb
250 mL	chicken broth	1 cup
1	large onion, finely chopped	1
15 mL	paprika	1 tbsp
2 mL	salt	½ tsp
1 mL	pepper	¼ tsp
	Dash caraway seeds	
50 mL	flour	3 tbsp
125 mL	sour cream	½ cup

In 2 L (8 cup) casserole, combine veal, mushrooms, 150 mL (⅔ cup) broth, onion, paprika, salt, pepper and caraway. Cover with lid.

TO COOK BY SENSOR: Cook on Meat-Med.
After time appears in display window, stir occasionally.

TO COOK BY TIME: Cook at **MEDIUM-HIGH**
10 minutes and at **MEDIUM-LOW** 15 to 21 minutes; stir occasionally.

TO COMPLETE: Blend flour with remaining broth until smooth. Stir into dish. Cook at **HIGH** 2 to 3 minutes, or until sauce is thickened. Blend in sour cream.

4 servings

VEAU AU PAPRIKA S

500 g	de veau désossé, coupé en cubes de 3,5 cm (1½ po)	1 lb
250 g	de champignons frais, tranchés	½ lb
250 mL	de bouillon de poulet	1 tasse
1	gros oignon, émincé	1
15 mL	de paprika	1 c. à soupe
2 mL	de sel	½ c. à thé
1 mL	de poivre	¼ de c. à thé
	Pincée de graines de carvi	
50 mL	de farine	3 c. à soupe
125 mL	de crème sure	½ tasse

Dans un faitout avec couvercle de 2 L (8 tasses), mélanger le veau, les champignons, 150 mL (⅔ de tasse) du bouillon, l'oignon, le paprika, le sel, le poivre et le carvi. Couvrir.

CUISSON PAR SENSEUR: Cuire à Meat-Med.
Une fois que la durée de cuisson apparaît au registre, remuer de temps à autre.

CUISSON PAR LA DURÉE: Cuire à **"MEDIUM-HIGH"** 10 minutes, puis à **"MEDIUM-LOW"** 15 à 21 minutes. Remuer de temps à autre durant la cuisson.

POUR COMPLÉTER: Délayer la farine avec le bouillon qui reste. Incorporer au veau et cuire à **"HIGH"** 2 à 3 minutes, ou jusqu'à ce que la sauce épaississe. Incorporer la crème sure.

4 portions

LAMB CURRY

1	small onion, finely chopped	1
50 mL	butter or margarine	¼ cup
50 mL	flour	¼ cup
500 g	boneless lamb, cut in 3.5 cm (1½-inch) cubes	1 lb
1	284 mL can of chicken broth	1
75 mL	raisins	⅓ cup
75 mL	peanuts	⅓ cup
25 mL	lemon juice	2 tbsp
15 mL	curry powder	1 tbsp
2 mL	ginger	½ tsp
2 mL	salt	½ tsp
125 mL	flaked coconut	½ cup
500 mL	cooked rice	2 cups

Cook onion and butter in a 2 L (8 cup) casserole at **HIGH** 3 to 4 minutes and stir once. Stir in flour, then lamb, broth, raisins, peanuts, lemon juice, curry powder, ginger and salt. Cook, covered with glass lid, at **HIGH** 5 minutes and at **MEDIUM-LOW** 15 to 20 minutes or until lamb is tender; stir once. Sprinkle with coconut and let stand, covered, 5 minutes before serving over hot rice.

4 servings

AGNEAU AU CARI

1	petit oignon, émincé	1
50 mL	de beurre ou de margarine	¼ de tasse
50 mL	de farine	¼ de tasse
500 g	d'agneau désossé, coupé en cubes de 3,5 cm (1½ po)	1 lb
1	boîte de bouillon de povlet de 284 mL	1
75 mL	de raisins secs	⅓ de tasse
75 mL	d'arachides	⅓ de tasse
25 mL	de jus de citron	2 c. à soupe
15 mL	de cari en poudre	1 c. à soupe
2 mL	de gingembre	½ c. à thé
2 mL	de sel	½ c. à thé
125 mL	de noix de coco, râpée	½ tasse
500 mL	de riz cuit	2 tasses

Dans un faitout de 2 L (8 tasses) avec couvercle en verre, cuire l'oignon et le beurre à **"HIGH"** 3 à 4 minutes. Remuer une fois durant la cuisson. Incorporer la farine, puis l'agneau, le bouillon, les raisins secs, les arachides, le jus de citron, la poudre de cari, le gingembre et le sel. Couvrir et cuire à **"HIGH"** 5 minutes, puis à **"MEDIUM-LOW"** 15 à 20 minutes, ou jusqu'à ce que l'agneau soit tendre. Remuer une fois durant la cuisson. Saupoudrer de noix de coco. Laisser reposer, couvert, 5 minutes avant de servir sur le riz chaud.

4 portions

MINT GLAZED LAMB

2	kg	shank half leg of lamb	4 lb
3		cloves garlic	3
5	mL	crushed rosemary	1 tsp
1	mL	pepper	¼ tsp
125	mL	mint jelly	½ cup
1		250 mL can of pear slices, drained and mashed, reserve 15 mL (1 tbsp) syrup	1

Make 6 slits in lamb, insert ⅓ clove garlic in each. Rub rosemary and pepper over lamb. Place lamb fat-side down on microwave roasting rack set in 20 cm (8-inch) square dish. In a small bowl, combine remaining garlic, (finely chopped), jelly and reserved syrup. Cook at **MEDIUM-HIGH** 1 to 2 minutes or until melted and stir in pears. Spoon ⅓ mint glaze over lamb. Shield narrow end and corners with aluminum foil for half the cooking time. Cook at **MEDIUM-HIGH** 15 minutes then **MEDIUM-LOW** 8 to 10 minutes per 500 g (1 lb) for Medium, or 12 to 14 minutes per 500 g (1 lb) for Well done. Halfway through cooking, turn meat over. Drain liquid and brush with glaze. Continue cooking. Let stand, covered, 15 minutes before serving.

8 servings

AGNEAU GLACÉ À LA MENTHE

2	kg	de gigot d'agneau	4 lb
3		gousses d'ail	3
5	mL	de romarin, broyé	1 c. à thé
1	mL	de poivre	¼ de c. à thé
125	mL	de gelée de menthe	½ tasse
1		boîte de poires en tranches, égouttées et broyées (250 mL); conserver 15 mL (1 c. à soupe) de sirop	1

Pratiquer six incisions dans la viande et insérer le tiers d'une gousse d'ail dans chacune. Mélanger le romarin et le poivre et en frotter l'agneau. Dans un plat de cuisson carré de 20 cm (8 po), déposer l'agneau, le gras vers le bas, sur une grille à rissoler pour four micro-ondes. Dans un petit bol, mélanger le reste de l'ail, émincé, la gelée et le sirop. Faire fondre à **"MEDIUM-HIGH"** 1 à 2 minutes. Incorporer les poires. À la cuillère, déposer le tiers du glaçage sur l'agneau. Protéger les parties minces er les coins avec du papier d'aluminium pour la moitié de la cuisson. Cuire à **"MEDIUM-HIGH"** 15 minutes, puis à **"MEDIUM-LOW"** 8 minutes par 500 g (1 lb) pour une viande à point, 12 à 14 minutes par 500 g (1 lb) pour une viande bien cuite. À mi-cuisson, retourner, égoutter et glacer. Poursuivre la cuisson. Laisser reposer, couvert, 15 minutes avant de servir.

8 portions

APPLE STUFFED PORK CHOPS S

4		pork chops, 2.5 cm (1-inch) thick	4
1		slice bread, cubed	1
125	mL	chopped apple	½ cup
25	mL	chopped celery	2 tbsp
15	mL	chopped onion	1 tbsp
15	mL	chopped raisins	1 tbsp
15	mL	orange juice	1 tbsp
1	mL	salt	¼ tsp
1	mL	allspice	¼ tsp
Basting Sauce:			
5	mL	browningsauce	1 tsp
50	mL	orange juice concentrate	¼ cup
1	mL	allspice	¼ tsp

Cut pocket in each chop. In bowl, combine bread, apples, celery, onion, raisins, orange juice and spices; mix well. Fill each pocket with stuffing. Brush with basting sauce.
Arrange chops in 25 cm (10-inch) square dish.

TO COOK BY SENSOR: Cover with plastic wrap. Cook on ⌐Meat-Well⌐. After cooking, release plastic wrap.

TO COOK BY TIME: Cover with waxed paper. Cook at **MEDIUM** 14 to 18 minutes.

TO COMPLETE: Let stand, covered, 5 minutes.

4 servings

CÔTELETTES DE PORC FARCIES S AUX POMMES

4		côtelettes de porc de 2,5 cm (1 po) d'épaisseur	4
1		tranche de pain, en cubes	1
125	mL	de pommes, hachées	½ tasse
25	mL	de céleri, haché	2 c. à soupe
15	mL	d'oignon, haché	1 c. à soupe
15	mL	de raisins secs, hachés	1 c. à soupe
15	mL	de jus d'orange	1 c. à soupe
1	mL	de sel	¼ de c. à thé
1	mL	de clous ronds	¼ de c. à thé
Sauce:			
5	mL	de sauce à brunir	1 c. à thé
50	mL	de jus d'orange concentré	¼ de tasse
1	mL	de clous ronds	¼ de c. à thé

Pratiquer une pochette dans chaque côtelette. Dans un bol, mélanger le pain, les pommes, le céleri, l'oignon, les raisins secs, le jus d'orange et les épices. Bien remuer. Farcir chaque côtelette de ce mélange. Recouvrir de la sauce. Disposer les côtelettes dans un plat carré de 25 cm (10 po).

CUISSON PAR SENSEUR: Disposer les côtelettes dans un plat carré de 25 cm (10 po). Couvrir d'une pellicule plastique. Cuire à ⌐Meat-Well⌐. Une fois la cuisson terminée, desserrer la pellicule plastique.

CUISSON PAR LA DURÉE: Couvrir de papier ciré. Cuire à **"MEDIUM"** 14 à 18 minutes.

POUR COMPLÉTER: Laisser reposer, couvert, 5 minutes.

4 portions

Directions for roasting whole poultry by time

Season as desired, but salt after cooking. Browning sauce mixed with equal parts of butter brushed on before cooking will enhance the appearance. Do not stuff.

During cooking it may be necessary to shield legs, wings and the breast bone to prevent overcooking. Wooden toothpicks can be used to hold foil in place.

If a large amount of juice accumulates in the bottom of the baking dish, occasionally drain it. If desired, reserve for making gravy.

Tie legs together with cotton string. Place on microwave roasting rack set in dish. Place whole poultry breast-side down; turn over halfway through cooking. Cover with waxed paper, plastic wrap or lid, to prevent spattering and hold in the heat.

For time cooking, multiply the weight of the poultry by the time in the chart. Use the minimum time to check for doneness.

Directions for roasting whole poultry by sensor S

Tie legs together with cotton string. Place on microwave roasting rack set in a dish. Place poultry breast-side down. Cover completely with 2 overlapping pieces of plastic wrap. Do not stuff poultry to be cooked by Sensor.

Cook on Sensor Poultry . When time appears in the display window, turn poultry over; shield leg ends and wings with foil and, if desired brush with glaze or sauce.

After cooking, check the temperature of large chickens and turkeys with a meat thermometer. Check the temperature in both thigh muscles. If thermometer touches bone, the reading may be inaccurate. Small chickens and game birds are cooked when juices run clear and drumstick readily moves up and down. If poultry is undercooked, cook a few more minutes at the recommended power level. Let stand, tented with foil, 10 to 15 minutes before carving.

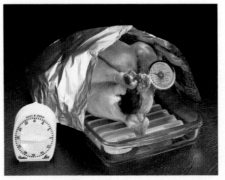

Rôtissage par la durée des volailles entières

Assaisonner au goût, mais ne saler qu'après la cuisson. Pour améliorer l'apparence, mélanger de la sauce à brunir à une même quantité de beurre et en badigeonner la volaille avant de la mettre au four. Ne pas farcir.

Pendant la cuisson, il peut s'avérer nécessaire de protéger les pilons, les ailes et l'os de la poitrine afin d'empêcher qu'ils ne cuisent trop. Utiliser des cure-dents en bois pour maintenir en place le papier d'aluminium.

Si nécessaire, égoutter de temps en temps et conserver le jus de cuisson pour une sauce.

Attacher les pattes avec une ficelle. Mettre sur une grille à rissoler pour four micro-ondes dans un plat de cuisson. Si la volaille est entière, la disposer la poitrine vers la bas sur la grille et la retourner à mi-cuisson. Couvrir de papier ciré, d'une pellicule plastique ou d'un couvercle, afin de prévenir les éclaboussures et maintenir la chaleur.

Pour la cuisson par la durée, multiplier le poids de la volaille par la durée au tableau. Utiliser la durée minimale pour vérifier le degré de cuisson.

Cuisson par senseur des volailles entières S

Attacher les pattes avec une ficelle en coton. Placer sur une grille à rissoler pour four micro-ondes dans un plat de cuisson. Si la volaille pèse plus de 2 kg (4 lb), la disposer de façon à ce la poitrine soit vers le bas. Couvrir hermétiquement de deux feuilles de pellicule plastique superposées. Ne pas farcir les volailles cuites par senseur.

Cuire à Poultry . Lorsque la durée de cuisson apparaît au registre, retourner la volaille. Protéger les bouts des pilons et les ailes avec du papier d'aluminium et, si désiré, badigeonner de sauce.

La cuisson terminée, vérifier la température des gros poulets ou des dindes à l'aide d'un thermomètre à viande. Vérifier la température des muscles des deux cuisses. Le thermomètre ne doit pas entrer en contact avec l'os afin de prévenir toute lecture erronée. Une petite volaille est cuite lorsque le jus est transparent et que le pilon bouge facilement. Si la volaille n'a pas le degré de cuisson désiré, la remettre au four quelques minutes à l'intensité indiquée. Laisser reposer, couvert d'une feuille de papier d'aluminium, 10 à 15 minutes, avant de découper.

Less tender hens should be cooked in liquid such as soup or broth. Use 50 mL per 500 g (¼ cup per 1 lb) of poultry. Use an oven cooking bag or covered casserole. Select a covered casserole deep enough so that hen does not touch the lid. Do not remove juices.

If an oven cooking bag is used, prepare according to package directions. Do not use wire twist-ties to close bag. Do use nylon tie, a piece of cotton string, or a strip cut from the open end of the bag. Make six 1 cm (½ inch) slits in top of bag.

Turn over roast several times.

Volaille moins tendre: Les poules (moins tendres que les poulets) doivent être cuites dans un liquide (soupe, bouillon, etc.). Pour ce faire, utiliser 50 mL (¼ de tasse) de liquide par 500 g (1 lb) de viande. Utiliser un sac de cuisson ou un faitout avec couvercle. S'assurer que le faitout soit assez profond pour que la volaille ne touche pas le couvercle. Ne pas égoutter le jus de cuisson.

Suivre les directives du fabricant si un sac de cuisson est utilisé. Pour le fermer, ne pas utiliser d'attache en métal, mais plutôt celle en nylon fournie avec le sac, une ficelle en coton, ou une bande découpée de l'extrémité ouverte du sac. Pratiquer six incisions de 1 cm (½ po) dans le haut du sac pour permettre à la vapeur de s'échapper.

Tourner les rôtis à plusieurs reprises.

Directions for cooking poultry pieces

Arrange pieces skin-side up, with meatier portions toward edge of the dish.

Barbeque sauce, orange sauce, tandoori sauce, shake'n bake or condensed creamed soup may be used on poultry pieces. An additional minute or two of cooking time may be required.

Cuisson des morceaux de volaille

Disposer les morceaux, la peau vers le haut, la partie charnue vers l'extérieur du plat.

Si désiré, napper les morceaux de volaille de sauce barbecue, de sauce à l'orange, de sauce "tandoori", de "Shake'n Bake" ou de potage crémeux, condensée. Il se peut qu'il soit nécessaire d'ajouter une minute ou deux à la durée de cuisson.

TO COOK BY TIME: Cover with plastic wrap to prevent spattering and hold in the heat. Multiply the weight by time suggested in the chart.

TO COOK BY SENSOR: Cover with plastic wrap and cook on ⏢Poultry⏢.

CUISSON PAR LA DURÉE: Recouvrir d'une pellicule plastique afin de prévenir les éclaboussures et de maintenir la chaleur. Multiplier le poids par la durée recommandée au tableau.

CUISSON PAR SENSEUR: Recouvrir d'une pellicule plastique et cuire à ⏢Poultry⏢.

Poultry is cooked when juices are clear (no pink color). If there is a slight pink color in the juice, return poultry parts to the oven and cook 2 or 3 minutes longer at **HIGH**.

Let stand 5 minutes before serving or as recipe indicates.

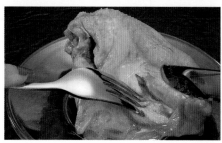

La volaille est cuite quand le jus est transparent (non rosé). S'il est encore légèrement rosé, remettre la volaille au four et cuire à **"HIGH"** 2 à 3 minutes de plus.

Laisser reposer environ 5 minutes avant de servir, ou selon les directives de la recette.

Poultry roasting

Poultry	Power	Time cooking		Approximate temperature after standing
		Approximate cooking time		
		Minutes per kg	Minutes per lb	
Cornish Hens	**MEDIUM-HIGH**	17 to 21	8 to 10	———
Chickens up to 2 kg (4 lb)	**MEDIUM-HIGH**	17 to 21	8 to 10	85°C (185°F)
Chicken pieces up to 2 kg (4 lb)	**MEDIUM-HIGH**	16 to 20	8 to 10	———
Duck	**MEDIUM-HIGH**	16 to 20	8 to 10	85°C (185°F)
Turkey breast, plain or stuffed	**MEDIUM**	30 to 40	15 to 20	80°C (180°F)
Turkey roll, frozen	**MEDIUM**	52 to 55	24 to 25	80°C (180°F)
Turkey roll, thawed	**MEDIUM**	30 to 32	13 to 14	80°C (180°F)
Turkey, pieces	**MEDIUM**	20 to 25	9 to 12	85°C (185°F)

Cuisson de la volaille

Aliment	Intensité	Cuisson par la durée		Température approx. après la période d'attente
		Durée de cuisson approx.		
		Minutes par kg	Minutes par lb	
Poulets de Cornouailles	"MEDIUM-HIGH"	17 à 21	8 à 10	———
Poulet jusqu'à 2 kg (4 lb)	"MEDIUM-HIGH"	17 à 21	8 à 10	85°C (185°F)
Poulet en morceaux jusqu'à 2 kg (4 lb)	"MEDIUM-HIGH"	16 à 20	8 à 10	———
Canard	"MEDIUM-HIGH"	16 à 20	8 à 10	85°C (185°F)
Poitrine de dinde, farcie ou non	"MEDIUM"	30 à 40	15 à 20	80°C (180°F)
Roulé de dinde désossée, surgelé	"MEDIUM"	52 à 55	24 à 25	80°C (180°F)
Roulé de dinde désossée, décongelé	"MEDIUM"	30 à 32	13 à 14	80°C (180°F)
Dinde, en morceaux	"MEDIUM"	20 à 25	9 à 12	85°C (185°F)

CHICKEN WITH SNOW PEAS

6	chicken legs, detached	6
15 mL	butter, melted	1 tbsp
15 mL	soy sauce	1 tbsp
10 mL	paprika	2 tsp
2 mL	rosemary	½ tsp
1 mL	cayenne pepper	¼ tsp
1	150 g pk frozen snow peas, thawed	1
125 mL	mushrooms, sliced	½ cup

Arrange chicken in a shallow dish. Combine butter, soy sauce and seasonings. Brush over chicken. Cover with waxed paper. Cook at **HIGH** 8 to 12 minutes. Top with peas and mushrooms; cook covered at **HIGH** 5 to 9 minutes or until chicken is tender. Let stand 5 minutes.

6 servings

POULET AVEC POIS MANGE-TOUT

6	cuisses de poulet	6
15 mL	de beurre, fondu	1 c. à soupe
15 mL	de sauce de soja	1 c. à soupe
10 mL	de paprika	2 c. à thé
2 mL	de romarin	½ c. à thé
1 mL	de poivre de cayenne	¼ de c. à thé
1	paquet de pois mange-tout surgelé, décongelé (150 g)	1
125 mL	de champignons, tranchés	½ tasse

Disposer les cuisses dans un plat peu profond. Mélanger le beurre, la sauce de soja et les épices. Badigeonner le poulet de ce mélange. Couvrir d'une feuille de papier ciré. Cuire à **"HIGH"** 8 à 12 minutes. Ajouter les pois et les champignons. Cuire, couvert, à **"HIGH"** 5 à 9 minutes ou jusqu'à ce que le poulet soit cuit. Laisser reposer 5 minutes.

6 portions

HURRY CURRY CHICKEN S

1 kg	chicken pieces	2 lb
1	284 mL condensed cream of chicken soup	1
1	tomato, cut-up	1
50 mL	chopped onion	¼ cup
15 mL	curry powder	1 tbsp
1 mL	garlic powder	¼ tsp

Arrange chicken in a 23 cm (10″) square dish with meatier portions toward the edge. Combine remaining ingredients thoroughly and pour over chicken to coat evenly.

TO COOK BY SENSOR: Cover with plastic wrap. Cook on Poultry .

TO COOK BY TIME: Cover with waxed paper. Cook at **HIGH** 18 to 21 minutes, or until chicken is tender and juices run clear when meat is cut. Rearrange pieces after 9 minutes. After half the cooking time turn over pieces. Check for doneness at 14 minutes.

TO COMPLETE: Let stand 5 minutes. Remove chicken and stir sauce until smooth. Pour over chicken. Serve with rice, if desired.

Serves 4

POULET MINUTE AU CARI S

1 kg	de morceaux de poulet	2 lb
1	boîte de crème de poulet condensée (284 mL)	1
1	tomate, hachée	1
50 mL	d'oignons, hachée	¼ de tasse
15 mL	de poudre de cari	1 c. à soupe
1 mL	de poudre d'ail	¼ de c. à thé

Dans un plat carré de 23 cm (10 po), disposer les morceaux de poulet, les parties charnues vers l'extérieur du plat. Bien mélanger le reste des ingrédients et verser sur le poulet pour le couvrir.

CUISSON PAR SENSEUR: Couvrir hermétiquement avec une pellicule plastique. Cuire à Poultry .

CUISSON PAR LA DURÉE: Couvrir de papier ciré. Cuire à **"HIGH"** 18 à 21 minutes ou jusqu'à ce que le poulet soit tendre et le jus transparent. Redisposer les morceaux après 9 minutes de cuisson. À mi-cuisson, retourner les morceaux. Vérifier le degré de cuisson après 14 minutes.

POUR COMPLÉTER: Laisser reposer 5 minutes. Retirer le poulet et disposer dans un plat. Remuer la sauce jusqu'à consistance lisse et en napper le poulet. Si désiré, servir avec du riz.

4 portions

LEMON BAKED CHICKEN S

5 mL	garlic salt	1 tsp
5 mL	paprika	1 tsp
2 mL	oregano	½ tsp
1 mL	pepper	¼ tsp
	Juice and grated peel of 1 lemon	
1 kg	chicken parts	2 lb
1	126 mL can of sliced mushrooms, drained, optional	1

In small bowl, combine garlic, paprika, oregano, pepper and lemon peel; rub over chicken. Arrange chicken in 20 cm (8-inch) square dish with meatier portions toward edge of dish. Drizzle with lemon juice and top with mushrooms.

TO COOK BY SENSOR: Cover with plastic wrap. Cook on `Poultry`. After cooking, release plastic wrap.

TO COOK BY TIME: Cover with waxed paper. Cook at **HIGH** 12 to 16 minutes or until chicken is tender.

TO COMPLETE: Let stand, covered, 5 minutes before serving.

4 servings

POULET AU CITRON S

5 mL	de sel d'ail	1 c. à thé
5 mL	de paprika	1 c. à thé
2 mL	d'origan	½ c. à thé
1 mL	de poivre	¼ de c. à thé
	Le jus et le zeste râpé d'un citron	
1 kg	de morceaux de poulet	2 lb
1	boîte de champignons tranchés (126 mL), égouttés (facultatif)	1

Dans un petit bol, mélanger l'ail, le paprika, l'origan, le poivre et le zeste de citron. Frotter le poulet de ce mélange. Disposer le poulet dans un plat carré de 20 cm (8 po), en plaçant les parties les plus charnues vers l'extérieur. Arroser de jus de citron puis ajouter les champignons.

CUISSON PAR SENSEUR: Couvrir d'une pellicule plastique. Cuire à `Poultry`. La cuisson terminée, desserrer le plastique.

CUISSON PAR LA DURÉE: Couvrir de papier ciré. Cuire à **"HIGH"** 12 à 16 minutes, ou jusqu'à ce que le poulet soit tendre.

POUR COMPLÉTER: Laisser reposer, couvert, 5 minutes avant de servir.

4 portions

CHICKEN CACCIATORE S

750 g	chicken parts	1½ lb
1	220 mL can of tomato sauce	1
1	75 mL can of sliced mushrooms, drained	1
1	medium onion, chopped	1
5 mL	sugar, optional	1 tsp
2 mL	oregano	½ tsp
1 mL	finely chopped garlic	¼ tsp
	Dash pepper	

Arrange chicken in 20 cm (8-inch) square with meatier portions toward edge of dish. Combine remaining ingredients and spoon over chicken.

TO COOK BY SENSOR: Cover with plastic wrap. Cook on `Poultry`. After time appears in display window, rearrange chicken; cover.

TO COOK BY TIME: Cook, covered with waxed paper, at **MEDIUM-HIGH** 9 to 11 minutes, or until chicken is tender. Halfway through cooking, rearrange chicken.

TO COMPLETE: Let stand, covered, 5 minutes. Serve, if desired, with spaghetti.

2 to 3 servings

POULET CHASSEUR S

750 g	de poulet en morceaux	1½ lb
1	boîte de sauce aux tomates (220 mL)	1
1	boîte de champignons tranchés (75 mL), égouttés	1
1	oignon moyen, haché	1
5 mL	de sucre (facultatif)	1 c. à thé
2 mL	d'origan	½ c. à thé
1 mL	d'ail, émincé	¼ de c. à thé
	Pincée de poivre	

Dans un plat de cuisson carré de 20 cm (8 po), disposer le poulet, en plaçant les parties les plus charnues vers l'extérieur. Mélanger le reste des ingrédients et verser sur le poulet.

CUISSON PAR SENSEUR: Couvrir d'une pellicule plastique. Cuire à `Poultry`. Lorsque la durée de cuisson apparaît au registre, redisposer le poulet. Couvrir.

CUISSON PAR LA DURÉE: Couvrir de papier ciré et cuire à **"MEDIUM-HIGH"** 9 à 11 minutes, ou jusqu'à ce que le poulet soit tendre. À mi-cuisson, redisposer le poulet.

POUR COMPLÉTER: Laisser reposer, couvert, 5 minutes. Servir, au goût, avec des spaghetti.

2 à 3 portions

CHICKEN À LA KING

75 mL	butter or margarine	⅓ cup
25 mL	finely chopped green pepper	2 tbsp
75 mL	flour	⅓ cup
5 mL	salt	1 tsp
0.5 mL	pepper	⅛ tsp
300 mL	chicken broth	1¼ cups
300 mL	milk or half 'n half cream	1¼ cups
750 mL	cut-up cooked chicken or turkey	3 cups
75 mL	sliced pimento, drained	⅓ cup
1	125 mL can of sliced mushrooms, drained	1
25 mL	dry sherry, optional	2 tbsp

Combine butter and green pepper in 3 L (12 cup) casserole. Cook at **HIGH** 3 to 5 minutes, or until green pepper is tender. Stir in flour, salt and pepper. Gradually add broth and milk, stir until smooth. Cook at **MEDIUM** 3 to 6 minutes, or until sauce is thickened; stir twice. Add remaining ingredients. Cook at **MEDIUM-HIGH** 6 to 10 minutes, or until heated through; stir twice. Serve over toast, noodles or rice.

6 servings

POULET À LA KING

75 mL	de beurre ou de margarine	⅓ de tasse
25 mL	de poivron vert, haché finement	2 c. à soupe
75 mL	de farine	⅓ de tasse
5 mL	de sel	1 c. à thé
0,5 mL	de poivre	⅛ de c. à thé
300 mL	de bouillon de poulet	1¼ tasse
300 mL	de lait ou de crème moitié/moitié	1¼ tasse
750 mL	de morceaux de poulet ou de dinde, précuit	3 tasses
75 mL	de piment tranché, égoutté	⅓ de tasse
1	boîte de champignons, tranchés (125 mL), égouttés	1
25 mL	de xérès sec (facultatif)	2 c. à soupe

Dans un faitout de 3 L (12 tasses), mélanger le beurre et le poivron vert. Cuire à **"HIGH"** 3 à 5 minutes, ou jusqu'à ce que le poivron vert soit tendre. Incorporer la farine, le sel et le poivre. Ajouter graduellement le bouillon et le lait; remuer jusqu'à obtention d'un mélange onctueux. Cuire à **"MEDIUM"** 3 à 6 minutes, ou jusqu'à ce que la sauce ait épaissi. Remuer deux fois durant la cuisson. Ajouter le reste des ingrédients. Cuire à **"MEDIUM-HIGH"** 6 à 10 minutes, ou jusqu'à ce que le mélange soit uniformément chaud. Remuer deux fois durant la cuisson. Servir sur des rôties, des nouilles ou du riz.

6 portions

CHICKEN TERIYAKI S

1 kg	chicken pieces	2 lb
250 mL	chunk pineapple and juise	8.8 oz
1	clove garlic, minced	1
50 mL	light soy sauce	¼ cup
15 mL	brown sugar	1 tbsp
2 mL	salt	½ tsp
2 mL	ginger	½ tsp

Arrange chicken in an oblong dish with meatier portions toward the edge. Combine remaining ingredients thoroughly and pour over chicken.

TO COOK BY SENSOR: Cover completely with plastic wrap. Cook on Poultry.

TO COOK BY TIME: Cover with waxed paper. Cook at **HIGH** 12 minutes, then at **MEDIUM** 8 to 10 minutes.

TO COMPLETE: Release plastic wrap. Let stand 5 minutes. To serve, spoon sauce over chicken.

Serves 4

POULET TERIYAKI S

1 kg	de morceaux de poulet	2 lb
250 mL	d'ananas en morceaux (avec le jus)	8,8 0z
1	gousse d'ail, émincée	1
50 mL	de sauce de soja	¼ de tasse
15 mL	de cassonade	1 c. à soupe
2 mL	de sel	½ c. à thé
2 mL	de gingembre	½ c. à thé

Dans un plat rectangulaire, disposer les morceaux de poulet, les parties charnues vers l'extérieur du plat. Bien mélanger le reste des ingrédients et verser sur le poulet.

CUISSON PAR SENSEUR: Couvrir hermétiquement d'une pellicule plastique. Cuire à Poultry.

CUISSON PAR LA DURÉE: Couvrir de papier ciré. Cuire à **"HIGH"** 12 minutes, puis à **"MEDIUM"** 8 à 10 minutes.

POUR COMPLÉTER: Desserrer le plastique. Laisser reposer 5 minutes. À la cuillère, napper le poulet avec la sauce avant de servir.

4 portions

FIESTA CHICKEN ROLL-UPS

4	chicken breasts, boned and skinned	4
	Chili powder	
	Pepper	
60 g	cheddar cheese, quartered	2 oz
50 mL	green olives, sliced	¼ cup
50 mL	butter, melted	¼ cup
175 mL	corn chips, crushed	¾ cup
1	250 mL can seasoned tomato sauce	1

Pound chicken breasts thin. Season one side of each breast with chili powder and pepper to taste. Place one piece of cheese and some olives on the centre of each breast. Fold over edges and roll up. Secure with wooden pick. Roll in melted butter and then in chips. Place in square dish. Cover with waxed paper. Cook at **MEDIUM** 9 to 10 minutes or until tender.
In a small glass bowl heat tomato sauce at **HIGH** 2 to 3 minutes. Serve over chicken.

4 servings

ROULADE DE POULET FIESTA

4	poitrines de poulet, desossées, sans la peau	4
	Poudre chili	
	Poivre	
60 g	de fromage cheddar, coupé en cubes	2 oz
50 mL	d'olives, tranchées	¼ de tasse
50 mL	de beurre, fondu	¼ de tasse
175 mL	de croustilles de maïs, broyées	¾ de tasse
1	boîte de sauce aux tomates assaisonnée (250 mL)	1

Amincir le poulet au maillet. Saupoudrer un côté du poulet de poudre chili et poivrer. Déposer un morceau de fromage et quelques olives au centre de chaque poitrine. Rabattre les côtés et rouler. Retenir avec des cure-dents en bois. Tremper chaque poitrine dans le beurre, puis dans les croustilles.
Disposer les roulades dans un plat carré. Couvrir de papier ciré et cuire à **"MEDIUM"** 9 à 10 minutes ou jusqu'à ce que le poulet soit tendre.
Dans un petit bol en verre, réchauffer la sauce aux tomates **"HIGH"** 2 à 3 minutes. Verser sur le poulet.

4 portions

CHICKEN LIVERS SUPREME

250 g	fresh mushrooms, sliced	½ lb
1	medium onion, chopped	1
50 mL	butter or margarine	¼ cup
500 g	chicken livers, halved	1 lb
25 mL	flour	2 tbsp
5 mL	salt	1 tsp
2 mL	pepper	½ tsp
2 mL	thyme	½ tsp
	cooked rice, optional	

TO COOK BY TIME: In 2 L (8 cup) casserole, combine mushrooms, onion and butter. Cook, covered with lid, at **HIGH** 3 to 4 minutes, or until onion and mushrooms are tender; stir once. Toss livers with flour, salt, pepper and thyme; stir in. Cook, covered, at **MEDIUM-HIGH** 3 minutes and at **MEDIUM** 4 to 6 minutes, or until liver is tender, stir twice. Serve with rice, if desired.

4 servings

FOIES DE POULET "SUPRÊME"

250 g	de champignons frais, tranchés	½ lb
1	oignon moyen, haché	1
50 mL	de beurre ou de margarine	¼ de tasse
500 g	de foies de poulet, coupés en deux	1 lb
25 mL	de farine	2 c. à soupe
5 mL	de sel	1 c. à thé
2 mL	de poivre	½ c. à thé
2 mL	de thym	½ c. à thé
	Riz cuit (facultatif)	

CUISSON PAR LA DURÉE: Dans un faitout avec couvercle de 2 L (8 tasses), mélanger les champignons, l'oignon et le beurre. Couvrir et cuire à **"HIGH"** 3 à 4 minutes, ou jusqu'à ce que l'oignon et les champignons soient tendres. Remuer une fois durant la cuisson. Mélanger la farine, le sel, le poivre et le thym. Enrober les foies de ce mélange. Incorporer les foies au mélange de champignons. Couvrir et cuire à **"MEDIUM-HIGH"** 3 minutes, puis à **"MEDIUM"** 4 à 6 minutes, ou jusqu'à ce que les foies soient tendres. Remuer deux fois durant la cuisson. Servir, au goût, avec du riz.

4 portions

STUFFED CORNISH HENS WITH ORANGE SAUCE

625 mL	hot water	2½ cups
1	170 mL can of frozen orange juice concentrate, defrosted and divided	1
1	170 g package of long grain and wild rice mix	1
2	slices bacon, cooked and crumbled	2
2	cornish hens [500 g (1 lb) each]	2
50 mL	honey	¼ cup
1 mL	browning sauce	¼ tsp

In a 2 L (8 cup) casserole, combine water, 50 mL (¼ cup) orange juice concentrate and rice. Cook, covered with lid, at **HIGH** 8 minutes and at **MEDIUM** 18 minutes, or until rice is tender; stir in bacon. Stuff hens with rice mixture; with cotton string, tie legs together. Place hens in 20 cm (8-inch) square dish. Cook, covered with waxed paper, at **MEDIUM-HIGH** 15 to 20 minutes, or until hens are tender. Meanwhile, combine remaining orange juice concentrate, honey and browning sauce; brush hens every 5 minutes. Let stand covered, 10 minutes before serving. Reheat leftover stuffing at **HIGH** 3 to 5 minutes.

2 servings

POULETS DE CORNOUAILLES FARCIS, EN SAUCE À L'ORANGE

625 mL	d'eau chaude	2½ tasses
1	boîte de jus d'orange concentré surgelé, décongelé (170 mL)	1
1	paquet de mélange de riz à grain long et de riz sauvage (170 g)	1
2	tranches de bacon, cuit et émietté	2
2	poulets de Cornouailles de 500 g (1 lb) chacun	2
50 mL	de miel	¼ de tasse
1 mL	de sauce à brunir	¼ de c. à thé

Dans un faitout avec couvercle de 2 L (8 tasses), mélanger l'eau, 50 mL (¼ de tasse) de jus d'orange concentré et le riz. Couvrir et cuire à **"HIGH"** 8 minutes, puis à **"MEDIUM"** 18 minutes, ou jusqu'à ce que le riz soit tendre. Incorporer le bacon. Farcir les poulets avec le mélange de riz. Ficeler les pattes ensemble. Disposer les poulets dans un plat carré de 20 cm (8 po). Couvrir de papier ciré et cuire à **"MEDIUM-HIGH"** 15 à 20 minutes, ou jusqu'à ce que les poulets soient tendres.
Entre-temps, mélanger le reste du jus d'orange, le miel et la sauce à brunir. En badigeonner les poulets toutes les 5 minutes. Laisser reposer, couvert, 10 minutes avant de servir. Réchauffer le reste de farce à **"HIGH"** 3 à 5 minutes.

2 portions

PECAN STUFFED PHEASANT

125 mL	celery, thinly sliced	½ cup
25 mL	butter or margarine	2 tbsp
150 mL	dry bread crumbs	⅔ cup
75 mL	pecans, chopped	⅓ cup
2 mL	salt	½ tsp
1 mL	pepper	¼ tsp
2	pheasants [500 g (1 lb) ea.]	2
50 mL	sherry	¼ cup
5 mL	browning sauce	1 tsp

In a small bowl heat celery and butter at **HIGH** 1 to 2 minutes. Stir in crumbs, pecans, salt and pepper. Stuff pheasants with mixture. Tie legs and wings against body with string. Arrange in a dish. Combine sherry and browning sauce and rub over birds to achieve an even colour. Cover with waxed paper. Cook at **HIGH** 5 minutes at **MEDIUM-LOW** 18 to 20 minutes or until tender. Let stand 10 minutes.

4 servings

FAISAN FARCI AUX PACANES

125 mL	de céleri, tranché mince	½ tasse
25 mL	de beurre ou de margarine	2 c. à soupe
150 mL	de chapelure	⅔ de tasse
75 mL	de pacanes, hachées	⅓ de tasse
2 mL	de sel	½ c. à thé
1 mL	de poivre	¼ de c. à thé
2	faisans d'environ 500 g (1 lb) ch.	2
50 mL	de xérès	¼ de tasse
5 mL	de sauce à brunir	1 c. à thé

Dans un petit bol, cuire le céleri et le beurre à **"HIGH"** 1 à 2 minutes. Incorporer la chapelure, les pacanes, le sel et le poivre. Farcir les faisans avec le mélange. À l'aide d'une ficelle, attacher les ailes et les pilons aux faisans. Déposer dans un plat de cuisson. Mélanger le xérès et la sauce à brunir et en badigeonner les faisans. Couvrir d'une feuille de papier ciré. Cuire à **"HIGH"** 5 minutes puis à **"MEDIUM-LOW"** 18 à 20 minutes, ou jusqu'à ce que les faisans soient tendres. Laisser reposer 10 minutes.

4 portions

ROAST TURKEY BREAST

1	turkey breast 1.2 kg	1
125 mL	marmalade	½ cup
50 mL	minced onion	¼ cup
5 mL	savory or sage	1 tsp
5 mL	fresh minced ginger	1 tsp
	or	
1 mL	dry ginger	¼ tsp

Place turkey breast in shallow dish. Combine marmalade, onion and seasonings. Spread over turkey. Cover with one or two pieces of plastic wrap. Baste turkey with glaze. Cook at **MEDIUM** 28 to 31 minutes per kilogram, or until juices run clear when pierced with a knife. Invert once. Stand covered 10 minutes. Internal temperature should reach 85°C (185°F).
Slice to serve. Glaze may be used as sauce if desired.

8 to 10 servings

RÔTI DE POITRINE DE DINDE

1	poitrine de dinde de 1,2 kg	1
125 mL	de marmelade	½ tasse
50 mL	d'oignon, haché	¼ de tasse
5 mL	de sariette ou de sauge	1 c. à thé
5 mL	de gingembre frais haché	1 c. à thé
	ou	
1 mL	de gingembre sec	¼ de c. à thé

Dans un plat de cuisson profond, disposer la dinde. Mélanger la marmelade, l'oignon et les épices. Recouvrir la dinde du mélange. Couvrir d'une ou deux pellicules plastiques.
Arroser la dinde avec la sauce. Cuire à **"MEDIUM"** 28 à 31 minutes par kilogramme ou jusqu'à ce que le jus soit transparent. Retourner une fois. Laisser reposer, couvert, 10 minutes. La température intérieure doit atteindre 85°C (185°F).
Trancher et servir. Si désiré, recouvrir de la sauce.

8 à 10 portions

APPLE SAUSAGE STUFFING

250 g	bulk pork sausage	½ lb
2	stalks celery, thinly sliced	2
1	large onion, finely chopped	1
1.25 L	fresh bread cubes	5 cups
750 mL	chopped apples (3 medium)	3 cups
2	eggs, beaten	2
5 mL	salt	1 tsp
2 mL	poultry seasoning	½ tsp

Crumble sausage in 3 L (12 cup) casserole. Stir in celery and onion. Cook at **HIGH** 5 to 7 minutes, or until sausage is browned, stir twice. Drain. Add remaining ingredients; combine thoroughly. Cook, covered with plastic wrap, at **HIGH** 4 to 5 minutes and at **MEDIUM-LOW** 5 to 6 minutes or until heated through.

This makes enough to stuff a 3 to 4 kg (7 to 9 lb) bird.

8 servings [1.5 L (6 cups)]

FARCE À LA SAUCISSE ET AUX POMMES

250 g	de chair de saucisse de porc	½ lb
2	branches de céleri, émincées	2
1	gros oignon, émincé	1
1,25 L	de pain frais, en cubes	5 tasses
750 mL	de pommes (3 de grosseur moyenne), hachées	3 tasses
2	œufs, battus	2
5 mL	de sel	1 c. à thé
2 mL	d'assaisonnement à volaille	½ c. à thé

Émietter la viande dans un faitout de 3 L (12 tasses), incorporer le céleri et l'oignon. Cuire à **"HIGH"** 5 à 7 minutes, ou jusqu'à ce que la viande soit dorée. Remuer à deux reprises durant la cuisson. Égoutter. Incorporer le reste des ingrédients. Bien mélanger. Recouvrir d'une feuille de plastique et cuire à **"HIGH"** 4 à 5 minutes, puis à **"MEDIUM-LOW"** 5 à 6 minutes, ou jusqu'à ce que le tout soit chaud.

Il y en a suffisamment pour farcir un oiseau de 3 à 4 kg (7 à 9 lb).

8 portions [1,5 L (6 tasses)]

General directions for cooking fish and seafood

Clean fish before starting the recipe. Arrange fish in a single layer. Thin ends should be turned under, overlapped or shielded with aluminum foil, to prevent overcooking. Place thicker pieces toward outside edge of dish. Shrimp and scallops should be placed in a single layer.

Cover dish with plastic wrap or matching lid. Cook on the power level and for the minimum time recommended in the chart. Halfway through cooking rearrange or stir shrimps or scallops, turn over whole fish.
Let stand, covered, 5 minutes.
Test for doneness before adding extra heating time.
Fish and seafood should be opaque in colour and fish should flake when tested with a fork. Shellfish should be steaming hot. If undercooked, return to oven and continue to cook for 30 to 60 seconds.

Fish and seafood	Amount	Time cooking	
		Power	Approximate cooking time (in minutes)
Fish Fillets	500 g (1 lb)	HIGH	2 to 4
Fish Steaks	4 [170 g (6 oz) ea.]	HIGH	3 to 5
Scallops	500 g (1 lb)	MEDIUM-HIGH	3 to 7
Shrimp, medium size (shelled and cleaned)	500 g (1 lb)	MEDIUM-HIGH	3 to 5
Whole fish (stuffed or unstuffed)	750 to 875 g (1½ to 1¾ lb)	MEDIUM-HIGH	6 to 9

Cuisson du poisson et des fruits de mer

Nettoyer le poisson avant de l'utiliser dans une recette. Pour la cuisson, le disposer en une seule couche; éviter le chevauchement. Placer les parties épaisses vers le bord du plat. Disposer les crevettes et les pétoncles en une seule couche.
Les parties minces devraient être tournées, chevauchées ou protégées avec du papier d'aluminium afin de prévenir la surcuisson.

Couvrir d'une pellicule plastique ou du couvercle. Cuire à l'intensité et à la durée minimale indiquées dans le tableau. À mi-cuisson, remuer les crevettes ou les pétoncles, retourner les poisson entiers.
Laisser reposer, couvert, 5 minutes.
Vérifier le degré de cuisson avant d'augmenter la durée. Le poisson et les fruits de mer doivent être opaques. Le poisson doit s'effriter facilement. Les crustacés doivent être très chauds. Si nécessaire, retourner au four et prolonger la cuisson de 30 à 60 secondes.

Aliment	Quantité	Cuisson par la durée	
		Intensité	Durée approx. (en minutes)
Filet de poisson	500 g (1 lb)	"HIGH"	2 à 4
Darnes de poisson	4 [170 g (6 oz) ch.]	"HIGH"	3 à 5
Pétoncles	500 g (1 lb)	"MEDIUM-HIGH"	3 à 7
Crevettes moyennes (décortiquées et lavées)	500 g (1 lb)	"MEDIUM-HIGH"	3 à 5
Poisson entier (farci ou non)	750 à 875 g (1½ à 1¾ lb)	"MEDIUM-HIGH"	6 à 9

FILLET AMANDINE

25 mL	butter or margarine	2 tbsp
50 mL	slivered almonds	3 tbsp
250 g	fish fillets	½ lb
	Salt and pepper to taste	
	Lemon juice	
	Parsley flakes	

Place butter and almonds in 20 cm (8-inch) square dish. Cook at **HIGH** 2 to 3 minutes; stir once. Dip fillets in butter and arrange in same dish; spoon almonds and butter on top of fish. Season with salt and pepper. Sprinkle with lemon juice.
Cover with waxed paper. Cook at **HIGH** 2 to 4 minutes, or until fish flakes when tested with a fork.
Let stand, covered, 3 minutes; sprinkle with parsley before serving.

2 servings

FILETS AMANDINE

25 mL	de beurre ou de margarine	2 c. à soupe
50 mL	d'amandes effilées	3 c. à soupe
250 g	de filets de poisson	½ lb
	Sel et poivre au goût	
	Jus de citron	
	Flocons de persil	

Mettre le beurre et les amandes dans un plat de cuisson carré de 20 cm (8 po). Cuire à **"HIGH"** 2 à 3 minutes. Remuer une fois durant la cuisson. Disposer les filets dans le plat et, à la cuillère, les arroser du mélange de beurre et d'amandes. Saler et poivrer. Asperger de jus de citron.
Couvrir de papier ciré. Cuire à **"HIGH"** 2 à 4 minutes, ou jusqu'à ce que le poisson s'effrite à la fourchette. Laisser reposer, couvert, 3 minutes. Parsemer de persil avant de servir.

2 portions

FISH FILLET KABOBS

125 mL	water	½ cup
50 mL	red wine vinegar	¼ cup
25 mL	oil	2 tbsp
10 mL	sugar	2 tsp
1	garlic clove, minced	1
1	bay leaf	1
2 mL	salt	½ tsp
1 mL	paprika	¼ tsp
4	flounder fillets	4
1	green pepper	1
1	red pepper	1

Combine water, vinegar, oil, sugar, garlic, bay leaf, salt and paprika. Pour over fillets layered in a shallow dish and marinate 3 to 4 hours. Remove from marinade and cut in half lengthwise. Cut peppers in chunks. Thread 2 pieces of fish alternating with peppers on 4 wooden skewers. Place kabobs in a square dish. Baste with marinade. Cook at **MEDIUM-HIGH** 4 to 4½ minutes, rearranging halfway through the cooking time. Let stand 10 minutes.

4 servings

BROCHETTES DE POISSON

125 mL	d'eau	½ tasse
50 mL	de vinaigre de vin rouge	¼ de tasse
25 mL	d'huile	2 c. à soupe
10 mL	de sucre	2 c. à thé
1	gousse d'ail, émincée	1
1	feuille de laurier	1
2 mL	de sel	½ c. à thé
1 mL	de paprika	¼ c. à thé
4	filets de flétan	4
1	poivron vert	1
1	poivron rouge	1

Mélanger l'eau, le vinaigre, l'huile, le sucre, l'ail, la feuille de laurier, le sel, et le paprika. Verser sur les filets disposés dans un plat peu profond, et mariner pendant 3 à 4 heures. Égoutter la marinade et couper chaque filet dans le sens de la longueur. Couper les poivrons en morceaux. Enfiler deux morceaux de filet par brochette, en les alternant avec les morceaux de poivron. Remplir ainsi 4 brochettes. Utiliser des brochettes en bois. Les disposer dans un plat de cuisson carré. Arroser de marinade. Cuire à **"MEDIUM-HIGH"** 4 à 4½ minutes. Redisposer les brochettes à mi-cuisson. Laisser reposer 10 minutes.

4 portions

SOLE DUGLERÉE

50 mL	butter	¼ cup
2	green onions, finely chopped	2
250 mL	mushrooms, sliced	1 cup
10 mL	lemon juice	2 tsp
125 mL	white wine	½ cup
500 g	fillets of sole	1 lb
2	tomatoes, chopped	2
25 mL	butter	2 tbsp
50 mL	flour	¼ cup
250 mL	cream	1 cup
	Salt and pepper to taste	

In a small dish melt butter at **HIGH** 1 minute. Add onions and mushrooms. Cook at **HIGH** 2 to 3 minutes. Add lemon juice and wine.
In an oblong dish spread the fillets of sole. Top with chopped tomatoes and mushroom mixture. Cover with waxed paper. Cook at **HIGH** 5 to 7 minutes.
In a small dish melt second amount of butter at **HIGH** 30 to 50 seconds. Stir in flour then cream. Cook at **HIGH** 2 minutes. Remove the pan juices from the fish and stir into the cream mixture. Cook at **HIGH** 2 to 3 minutes. Pour over top of fish and cook at **HIGH** 1 to 2 minutes. Season to taste.

4 servings

SOLE DUGLERÉE

50 mL	de beurre	¼ de tasse
2	oignons verts, hachés finement	2
250 mL	de champignons, tranchés	1 tasse
10 mL	de jus de citron	2 c. à thé
125 mL	de vin blanc	½ tasse
500 g	de filets de sole	1 lb
2	tomates, hachées	2
25 mL	de beurre	2 c. à soupe
50 mL	de farine	¼ de tasse
250 mL	de crème	1 tasse
	Sel et poivre au goût	

Dans un petit bol, faire fondre le beurre à **"HIGH"** 1 minute. Ajouter les oignons et les champignons. Cuire à **"HIGH"** 2 à 3 minutes.
Ajouter le jus de citron et le vin. Dans un plat rectangulaire, disposer les filets de sole. Verser les tomates hachées et le mélange de champignons. Couvrir d'un papier ciré et cuire à **"HIGH"** 5 à 7 minutes. Dans un petit bol, faire fondre le reste du beurre à **"HIGH"** 30 à 50 secondes. Incorporer la farine, puis la crème. Cuire à **"HIGH"** 2 minutes. Recueillir le jus de cuisson du poisson et incorporer à la crème. Cuire à **"HIGH"** 2 à 3 minutes. Verser sur les filets et cuire à **"HIGH"** 1 à 2 minutes. Saler et poivrer au goût.

4 portions

FRESH COD POACHED WITH MILK

1 kg	fresh cod	2 lb
250 mL	warm milk	1 cup
1	onion, chopped	1
1	bay leaf	1
3	slices of lemon	3
2 mL	savory	½ tsp
2 mL	salt	½ tsp
1 mL	pepper	¼ tsp
25 mL	butter	2 tbsp
25 mL	flour	2 tbsp
15 mL	lemon juice	1 tbsp
50 mL	parsley, minced	¼ cup

In a 500 mL (2 cup) glass measure heat milk at **HIGH** 40 to 50 seconds. In a shallow casserole place fish. Add milk, onion, bay leaf, lemon slices, savory, salt and pepper. Cover.
Cook at **HIGH** 2 minutes, then at **MEDIUM** 7 to 9 minutes.
In a large measure melt butter at **HIGH** 20 to 30 seconds. Add flour and stir well. Drain milk off fish and stir into flour mixture. Cook at **MEDIUM** for 3 to 4 minutes or until thick, stirring occasionally.
Stir in lemon juice and parsley. Pour over fish to serve.

4 servings

MORUE FRAÎCHE POICHÉE AU LAIT

1 kg	de morue fraîche	2 lb
250 mL	de lait chaud	1 tasse
1	oignon, haché	1
1	feuille de laurier	1
3	tranches de citron	3
2 mL	de sariette	½ c. à thé
2 mL	de sel	½ c. à thé
1 mL	de poivre	¼ c. à thé
25 mL	de beurre	2 c. à soupe
25 mL	de farine	2 c. à soupe
15 mL	de jus de citron	1 c. à soupe
50 mL	de persil, émincé	¼ de tasse

Dans un faitout/mesure en verre de 500 mL (2 tasses), faire chauffer le lait à **"HIGH"** 40 à 50 secondes. Déposer le poisson dans un faitout peu profond. Ajouter le lait, l'oignon, la feuille de laurier, les tranches de citron, la sariette, le sel et le poivre. Couvrir.
Cuire à **"HIGH"** 2 minutes, puis à **"MEDIUM"** 7à 9 minutes.
Dans un grand faitout/mesure, faire fondre le beurre à **"HIGH"** 20 à 30 secondes. Ajouter la farine et bien mélanger. Égoutter le lait du poisson et incorporer à la farine. Cuire à **"NEDIUM"** 3 à 4 minutes, ou jusqu'à ce que le mélange épaississe.
Remuer à quelques reprises durant la cuisson. Ajouter le jus de citron et le persil. Verser sur le poisson et servir.

4 portions

WHOLE STUFFED FISH

1		whole fish (780 to 900 g)	1
25	mL	butter	2 tbsp
50	mL	chopped onion	¼ cup
50	mL	chopped celery	¼ cup
25	mL	chopped parsley	2 tbsp
25	mL	chopped tomato	2 tbsp
375	mL	small bread cubes	1½ cups
5	mL	savory	1 tsp
15	mL	lemon juice	1 tbsp
1	mL	salt	¼ tsp
1	mL	pepper	¼ tsp

Place butter in a dish and melt at **HIGH** 10 to 20 seconds. Add onions and celery. Saute at **HIGH** for about 2 minutes or until tender. Combine with remaining ingredients for stuffing.
Place fish in a microwave safe oblong dish and stuff. Brush with butter or bacon fat, if desired. Cover with waxed paper. Cook at **HIGH** 11 to 13 minutes. Shield tail with aluminium foil for halfway through the cooking time.

4 to 6 servings

Note: Fish may be skinned before serving, then sprinkled with paprika and garnished with celery leaves, lemon and tomato slices.

POISSON FARCI

1		poisson (780 à 900 g)	1
25	mL	de beurre	2 c. à soupe
50	mL	d'oignon, haché	¼ de tasse
50	mL	de céleri, haché	¼ de tasse
25	mL	de persil, haché	2 c. à soupe
25	mL	de tomate, hachée	2 c. à soupe
375	mL	de pain, en cubes	1½ tasse
5	mL	de sariette	1 c. à thé
15	mL	de jus de citron	1 c. à thé
1	mL	de sel	¼ de c. à thé
1	mL	de poivre	¼ de c. à thé

Dans un bol moyen, faire fondre le beurre à **"HIGH"** 10 à 20 secondes. Incorporer le céleri et l'oignon. Cuire à **"HIGH"** 2 minutes environ ou jusqu'à tendreté. Incorporer le reste des ingrédients pour la farce. Déposer le poisson dans un plat rectangulaire et farcir. Badigeonner de beurre ou de gras de bacon si désiré, et couvrir de papier ciré. Cuire à **"HIGH"** 11 à 13 minutes. Utiliser du papier aluminium pour protéger la queue du poisson durant la moitié de la cuisson. Laisser reposer 5 minutes avant de servir.

4 à 6 portions

Remarque: Si désiré, avant de servir, retirer la peau et garnir de paprika, de feuilles de céleri et de citron et de tranches de tomates.

ORANGE BAKED SNAPPER

1		orange	1
75	mL	butter or margarine	⅓ cup
1		onion, chopped	1
15	mL	parsley, chopped	1 tbsp
2	mL	basil	½ tsp
0.5	mL	pepper	⅛ tsp
500	mL	soft bread crumbs	2 cups
2		red snapper, 750 g (1½ lb) each Salt	2
170	g	frozen orange juice concentrate	6 oz

Slice half of the orange and peel and chop the remaining half. Combine butter, onion, parsley, basil and pepper in a small dish.
Cook at **HIGH** 2 to 3 minutes or until onion is tender. Stir in bread crumbs and chopped orange. Season inside of fish. Stuff cavities with crumb mixture. Arrange in an oblong dish. Pour orange juice over fish and top with orange slices.
Cover with waxed paper and cook at **HIGH** 10 to 12 minutes. Let stand 3 minutes.

4 servings

DORADE FARCIE À L'ORANGE

1		orange	1
75	mL	de beurre ou de margarine	⅓ tasse
1		oignon, haché	1
15	mL	de persil, haché	1 c. à soupe
2	mL	de basilic	½ c. à thé
0,5	mL	de poivre	⅛ c. à thé
500	mL	de chapelure	2 tasses
2		dorades de 750 g (1½ lb) chacune Sel	2
170	g	de concentré de jus d'orange, surgelé	6 oz

Trancher une moitié de l'orange, peler et hacher l'autre. Dans un petit bol, mélanger le beurre, l'oignon, le persil, le basilic et le poivre. Cuire à **"HIGH"** 2 à 3 minutes, ou jusqu'à ce que l'oignon soit tendre.
Incorporer la chapelure et l'orange hachée. Saler l'intérieur du poisson. Farcir du mélange de chapelure. Disposer le poisson dans un plat rectangulaire. Arroser du jus d'orange et garnir de rondelles d'orange. Couvrir de papier ciré et cuire à **"HIGH"** 10 à 12 minutes. Laisser reposer 3 minutes.

4 portions

SALMON LOAF

1	440 g can of salmon	1
2	beaten eggs	2
750 mL	fresh bread crumbs	3 cups
1	onion, chopped	1
15 mL	lemon juice	1 tbsp
125 mL	celery, diced	½ cup
25 mL	celery leaves, chopped	2 tbsp
5 mL	dill	1 tsp
125 mL	sour cream or yogurt	½ cup

Mash salmon and combine thoroughly with remaining ingredients. In a 1.5 L (8½×4-inch) dish, shape mixture into a loaf. Cover with waxed paper. Cook at **MEDIUM-HIGH** 12 to 15 minutes. Let stand, covered, 5 minutes before serving.

6 servings

PAIN DE SAUMON

1	boîle de saumon (440 g)	1
2	œufs battus	2
750 mL	de chapelure fraîche	3 tasses
1	oignon, haché	1
15 mL	de jus de citron	1 c. à soupe
125 mL	de céleri en dés	½ tasse
25 mL	de feuilles de céleri, hachées	2 c. à soupe
5 mL	de fenouil	1 c. à thé
125 mL	de crème sure ou de yogourt	½ tasse

Défaire le saumon en petits morceaux. Écraser les os et les arêtes. Ajouter le reste des ingrédients et bien mélanger. Dans un plat de 1,5 L (8½ po×4 po), former un pain avec le mélange. Couvrir de papier ciré. Cuire à **"MEDIUM-HIGH"** 12 à 15 minutes. Laisser reposer, couvert, 5 minutes avant de servir.

6 portions

BUSY DAY TUNA CASSEROLE

1	184 mL can of tuna, drained and flaked	1
1 L	noodles, cooked and drained [250 g (8 oz), uncooked]	4 cups
1	284 mL can of condensed cream of mushroom soup	1
1	120 mL can of sliced mushrooms, drained	1
1	300 g package of frozen peas, defrosted	1
175 mL	milk	¾ cup
25 mL	chopped pimento	2 tbsp
250 mL	crushed potato chips	1 cup

In 3 L (12 cup) casserole, combine tuna, noodles, soup, mushrooms, peas, milk and pimento; mix well.
Cover with waxed paper. Cook at **HIGH** 6 minutes and at **MEDIUM** 8 to 10 minutes. Stir twice. Top with potato chips; let stand, uncovered, 3 minutes.

4 to 6 servings

CASSEROLE DE THON

1	184 mL de thon, égoutté et lémietté	1
1 L	de nouilles cuites, égouttées [250 g (8 oz) avant la cuisson]	4 tasses
1	boîte de crème de champignons condensée (284 mL)	1
1	boîte de champignons tranchés, égouttés	1
1	paquet de pois surgelés, décongelés (300 g)	1
175 mL	de lait	¾ de tasse
25 mL	de piment rouge, haché	2 c. à soupe
250 mL	de croustilles, broyées	1 tasse

Dans un faitout de 3 L (12 tasses), mélanger le thon, les nouilles, la crème de champignons, les champignons, les pois, le lait et le piment. Bien remuer.
Couvrir de papier ciré. Cuire à **"HIGH"** 6 minutes, puis à **"MEDIUM"** 8 à 10 minutes. Remuer deux fois durant la cuisson. Garnir de croustilles. Laisser reposer, à découvert, 3 minutes.

4 à 6 portions

STUFFED LOBSTER TAILS

2	lobster tails [300 g (10 oz) each]	2
25 mL	butter or margarine, melted	2 tbsp
50 mL	seasoned dry bread crumbs	3 tbsp
	Pinch each onion powder, paprika, salt	

Lemon Butter:

125 mL	butter	½ cup
15 to		1 to
25 mL	lemon juice	2 tbsp

With kitchen shears, cut both sides of the soft shell (underside) of the lobster, from edge to the tail and remove. Arrange lobster tails in glass pie plate. Combine remaining ingredients; sprinkle over lobster. Cover with waxed paper. Cook at **MEDIUM-HIGH** 2 to 4 minutes, or until lobster flakes when tested with a fork. Let stand 3 minutes.
Combine butter and lemon juice in small glass bowl. Cook at **MEDIUM** 1 to 2 minutes or until butter is melted. Stir well.

2 servings

GARLIC SHRIMP

1	clove garlic, finely chopped	1
75 mL	butter or margarine	⅓ cup
50 mL	chopped parsley	¼ cup
2 mL	salt	½ tsp
620 g	medium shrimp, shelled and cleaned	1¼ lb
15 mL	lemon juice	1 tbsp

Combine garlic and butter in 1 L (4 cup) casserole. Cook at **HIGH** 1½ to 2 minutes. Add parsley and salt. Stir in shrimp, coating each with butter sauce.
Cover with plastic wrap. Cook at **MEDIUM-HIGH** 3 to 5 minutes, stir once. Let stand, covered, 3 minutes.
Sprinkle lemon juice over shrimp before serving.

4 servings

QUEUES DE HOMARD FARCIES

2	queues de homard [300 g (10 oz) ch.]	2
25 mL	de beurre ou de margarine, fondu	2 c. à soupe
50 mL	de chapelure assaisonnée	3 c. à soupe
	Pincée de poudre d'oignon, de paprika et de sel, chacun	

Beurre au citron:

125 mL	de beurre	½ tasse
15 à		1 à
25 mL	de jus de citron	2 c. à soupe

À l'aide de ciseaux de cuisine, couper le homard sur les deux côtés de la carapace tendre (en dessous), jusqu'à la queue. Enlever la carapace tendre. Disposer les queues de homard sur une assiette à tarte en verre. Mélanger le reste des ingrédients et en saupoudrer le homard. Couvrir de papier ciré. Cuire à **"MEDIUM-HIGH"** 2 à 4 minutes, ou jusqu'à ce que la chair s'émiette à la fourchette. Laisser reposer 3 minutes. Dans un petit bol en verre, mélanger le beurre et le jus de citron. Faire fondre à **"MEDIUM"** 1 à 2 minutes. Bien remuer.

2 portions

CREVETTES AU BEURRE À L'AIL

1	gousse d'ail, émincée	1
75 mL	de beurre ou de margarine	⅓ de tasse
50 mL	de persil, haché	¼ de tasse
2 mL	de sel	½ c. à thé
620 g	de crevettes moyennes, décortiquées et nettoyées	1¼ lb
15 mL	de jus de citron	1 c. à soupe

Dans un faitout de 1 L (4 tasses), mélanger le beurre et l'ail. Cuire à **"HIGH"** 1½ à 2 minutes. Ajouter le persil et le sel. Incorporer les crevettes, en les enrobant de sauce au beurre.
Couvrir d'une pellicule plastique. Cuire à **"MEDIUM-HIGH"** 3 à 5 minutes. Remuer une fois durant la cuisson. Laisser reposer, couvert, 3 minutes. Arroser de jus de citron avant de servir.

4 portions

COQUILLES ST. JACQUES

50	mL	white wine	¼ cup
500	g	scallops	1 lb
25	mL	butter	2 tbsp
15	mL	dried onion flakes	1 tbsp
25	mL	flour	2 tbsp
		Dash white pepper	
175	mL	milk or cream	¾ cup
125	mL	mushrooms, sliced	½ cup
75	mL	shredded Swiss cheese [40 g (1⅓ oz)]	⅓ cup
50	mL	buttered bread crumbs	¼ cup
		Parsley flakes	

Arrange scallops and mushrooms in 20 cm (8-inch) round dish. Pour wine over scallops. Cook, covered with plastic wrap, at **MEDIUM** 3 to 6 minutes, or until scallops are tender; stir once. Drain liquid and reserve 50 mL (¼ cup); let scallops stand, covered.
Cook butter and onion in medium glass bowl, at **HIGH** ¾ to 1 minute; stir in flour and pepper. Gradually add milk and reserved liquid, stirring until smooth. Cook at **MEDIUM-HIGH** 3 to 3½ minutes, or until mixture is thickened; stir twice. Stir in cheese; add scallops and mushrooms. Spoon mixture into 4 individual glass ramekins or serving dishes, top with bread crumbs and parsley. Arrange ramekins on glass oven tray. Cook at **MEDIUM-HIGH** 1 to 2 minutes, or until heated through.

4 servings

COQUILLES SAINT-JACQUES

50	mL	de vin blanc	¼ de tasse
500	g	de pétoncles	1 lb
25	mL	de beurre	2 c. à soupe
15	mL	de flocons d'oignon	1 c. à soupe
25	mL	de farine	2 c. à soupe
		Pincée de poivre blanc	
175	mL	de lait ou de crème	¾ de tasse
125	mL	de champignons tranchés	½ tasse
75	mL	de fromage suisse [40 g (1⅓ oz)], râpé	⅓ de tasse
50	mL	de chapelure au beurre	¼ de tasse
		Flocons de persil	

Disposer les pétoncles et les champignons dans un plat de cuisson de 20 cm (8 po) de diamètre. Arroser du vin et couvrir d'une pellicule plastique. Cuire à **"MEDIUM"** 3 à 6 minutes, ou jusqu'à ce que les pétoncles soient tendres. Remuer une fois durant la cuisson. Égoutter et conserver 50 mL (¼ de tasse) de liquide. Couvrir et laisser reposer.
Dans un bol moyen en verre, cuire l'oignon dans le beurre à **"HIGH"** 45 à 60 secondes. Incorporer la farine et le poivre. Ajouter graduellement le lait et le liquide conservé tout en remuant, pour obtenir une sauce onctueuse. Cuire à **"MEDIUM-HIGH"** 3 à 3½ minutes, ou jusqu'à ce que la sauce ait épaissi. Remuer deux fois durant la cuisson. Incorporer le fromage, puis les pétoncles et les champignons. À la cuillère, en remplir quatre coquilles ou quatre plats de service. Garnir de chapelure et de persil. Déposer sur le plateau dans le four. Cuire à **"MEDIUM-HIGH"** 1 à 2 minutes, ou jusqu'à ce que le tout soit chaud.

4 portions

CLAMS-STEAMER STYLE

12		small clams, scrubbed (littleneck)	12
50	mL	hot water	¼ cup
		Melted butter, optional	

To microwave: Combine clams and water in shallow casserole. Cook, covered with lid, at **HIGH** 1 minute and at **MEDIUM-HIGH** 5 to 7 minutes, or until clams are open. Serve, if desired, with melted butter or cocktail sauce.

12 clams

PALOURDES À L'ÉTUVÉE

12		petites palourdes (littleneck), brossées	12
50	mL	d'eau chaude	¼ de tasse
		Beurre fondu (facultatif)	

Cuisson micro-ondes: Verser l'eau dans un faitout peu profond avec couvercle. Ajouter les palourdes. Couvrir et cuire à **"HIGH"** 1 minute, puis à **"MEDIUM-HIGH"** 5 à 7 minutes, ou jusqu'à ce que les palourdes soient ouvertes. Servir avec du beurre fondu, si désiré.

12 palourdes

Eggs, pastas, grains and cereals
Œufs, pâtes, grains et céréales

Cooked eggs

Use a 170 mL (6 oz) custard cup, small dish or cup for each egg. Grease if desired. Break egg into cup; pierce yolk and white several times. Top with 5 mL (1 tsp) milk for soft cooked eggs. Cover with plastic wrap and cook at **MEDIUM-LOW** power. Let stand to complete cooking.

Hard cooked eggs should be cooled, to chop for sandwiches and salads.

Œufs mollets et cuits durs

Utiliser une coupe à dessert de 170 mL (6 oz) ou un petit bol pour chaque œuf. Graisser le récipient (facultatif). Casser l'œuf dans le petit bol. À l'aide d'un cure-dents, perforer le jaune et le blanc à plusieurs reprises. Ajouter 5 mL (1 c. à thé) de lait pour un œuf cuit mollet. Couvrir d'une pellicule plastique et faire cuire à **"MEDIUM-LOW"**. Laisser reposer pour terminer la cuisson.

Laisser refroidir avant de trancher ou hacher pour garnir sandwiches et salades.

Number of eggs	Approximate cooking time at MEDIUM-LOW	
	Soft-cooked (in minutes)	Hard-cooked (in minutes)
1	¾ to 1	1¼ to 1½
2	1½ to 2	2 to 3½
4	2¾ to 3¼	3½ to 4½

Nombre d'œufs	Durée de cuisson approx. à "MEDIUM-LOW"	
	Œufs mollets (en minutes)	Œufs cuits durs (en minutes)
1	¾ à 1	1¼ à 1½
2	1½ à 2	2 à 2½
4	2¾ à 3¼	3½ à 4½

Poached eggs

Use a 300 mL (10 oz) custard cup or small glass bowl for each egg. Eggs may be cooked in a larger shallow dish instead of individual dishes. In each cup heat 50 mL (¼ cup) of water and dash of vinegar and salt at **HIGH** power.

Break egg into boiling water and with toothpick, pierce yolk and white several times.

Cover with plastic wrap. Cook at **MEDIUM-LOW** according to time indicated in chart. Eggs will be slightly underdone.

Let stand, covered, to complete cooking. Serve on buttered toast.

Œufs pochés

Utiliser une coupe à dessert de 300 mL (10 oz) ou un petit bol en verre pour chaque œuf. Les œufs peuvent aussi se faire cuire tous ensemble dans un grand plat peu profond.
Faire réchauffer 50 mL (¼ de tasse) d'eau avec un peu de vinaigre et de sel dans chaque plat, à **"HIGH"**.

Casser l'œuf dans l'eau bouillante. En perforer le jaune et le blanc à plusieurs reprises, avec un cure-dent.

Couvrir d'une pellicule plastique et cuire à **"MEDIUM-LOW"** selon la durée indiquée au tableau. Les œufs ne seront pas tout à fait cuits.

Laisser reposer pour que la cuisson se termine, avant de servir sur des rôties tartinées de beurre.

Number of eggs	Approximate cooking time (in minutes)		Stand time (in minutes)
	To boil water at HIGH	To poach eggs at MEDIUM-LOW	
1	¾ to 1	½ to ¾	3
2	1¼ to 1½	1 to 1¼	3
4	3 to 4	2 to 2¾	3

Nombre d'œufs	Durée de cuisson approx. (en minutes)		Durée d'attente (en minutes)
	Pour faire bouillir l'eau à "HIGH"	Pour pocher les œufs à "MEDIUM"	
1	¾ à 1	½ à ¾	3
2	1¼ à 1½	1 à 1¼	3
4	3 à 4	2 à 2¾	3

Scrambled eggs

Beat eggs. For each egg add 15 mL (1 tbsp) milk, water or tomato juice and dash of salt. Pour into a greased container.

Cook at **MEDIUM** according to time in the chart. Between first and second cooking time, stir eggs, by bringing cooked portions from edge of dish to center. Eggs will be slightly underdone after cooking time.

Stir and let stand.

Œufs brouillés

Battre les œufs. Pour chaque œuf, ajouter 15 mL (1 c. à soupe) de lait, d'eau ou de jus de tomate et une pincée de sel. Verser dans un plat en verre graissé.

Cuire à "MEDIUM" selon la durée indiquée au tableau. À la fin du premier cycle, remuer et ramener les œufs de l'extérieur vers le centre. Les œufs ne seront pas tout à fait prêts à la fin de la cuisson.

Remuer et laisser reposer.

Number of eggs	Container	Approx. cooking time (in minutes) at MEDIUM		Stand time (in minutes)
		First stage	Second stage	
1	250 mL (1 cup) glass measure	½ to ¾	¼ to ½	1
2	250 mL (1 cup) glass measure	1 to 1¼	½ to ¾	1½
4	1 L (4 cup) glass measure	2 to 2¼	1 to 1¼	1½
6	1.5 L (6 cup) glass measure	3 to 3¼	1½ to 2	2

Nombre d'œufs	Récipient	Durée de cuisson approx. (en minutes) à "MEDIUM"		Durée d'attente (en minutes)
		Premier cycle	Deuxième cycle	
1	Mesure de 250 mL (1 tasse)	½ à ¾	¼ à ½	1
2	Mesure de 250 mL (1 tasse)	1 à 1¼	½ à ¾	1½
4	Bol de 1 L (4 tasses)	2 à 2¼	1 à 1¼	1½
6	Bol de 1,5 L (6 tasses)	3 à 3¼	1½ à 2	2

BASIC OMELET

15	mL	butter or margarine	1 tbsp
2		eggs	2
25	mL	milk	2 tbsp
0.5	mL	salt	⅛ tsp
		Dash pepper	

Heat butter in 23 cm (9-inch) pie plate, at **HIGH** 30 seconds, or until melted, turn plate to coat bottom with butter.
Meanwhile, combine remaining ingredients; pour into pie plate. Cook, covered with plastic wrap, at **MEDIUM** 2¼ to 3¼ minutes, or until omelet is almost set; stir after 1 minute. Let stand, covered, 2½ minutes. With spatula, loosen edges of omelet from plate; fold into thirds to serve.

1 serving

Variations:

For cheese omelet, before folding, sprinkle 50 mL (¼ cup) shredded cheese down center of omelet.

For ham omelet, before folding, sprinkle 50 mL (¼ cup) finely chopped cooked ham down center of omelet.

For herb omelet, blend in 0.5 mL (⅛ tsp) basil, thyme or crushed rosemary with eggs and milk.

For jelly omelet, before folding, spoon 50 mL (¼ cup) jelly down center of omelet.

OMELETTE NATURE

15	mL	de beurre ou de margarine	1 c. à soupe
2		œufs	2
25	mL	de lait	2 c. à soupe
0,5	mL	de sel	⅛ de c. à thé
		Pincée de poivre	

Dans une assiette à tarte de 23 cm (9 po), faire fondre le beurre à **"HIGH"** 30 secondes. Tourner l'assiette de façon à en beurrer le fond.
Entre-temps, mélanger le reste des ingrédients. Verser dans l'assiette à tarte. Couvrir d'une pellicule plastique et cuire à **"MEDIUM"** 2¼ à 3¼ minutes, ou jusqu'à ce que l'omelette soit presque prête. Remuer après la première minute. Laisser reposer, couvert, 2½ minutes. À l'aide d'une spatule, détacher l'omelette du plat. Plier en trois et servir.

1 portion

Variantes:

Omelette au fromage: Avant de la plier, ajouter 50 mL (¼ de tasse) de fromage râpé au centre de l'omelette.

Omelette au jambon: Avant de la plier, ajouter 50 mL (¼ de tasse) de jambon cuit finement haché au centre de l'omelette.

Omelette aux fines herbes: Mélanger 0,5 mL (⅛ de c. à thé) de basilic, de thym ou de romarin broyé avec les œufs et le lait.

Omelette à la gelée: Avant de la plier, ajouter 50 mL (¼ de tasse) de gelée au centre de l'omelette.

Directions for cooking pasta, rice and cereal

Item	Container	Amount of water	Power	Approx. time to cook (in minutes)	Stand time (in minutes)	Special instructions
Pasta Egg Noodles medium width 250 g (8 oz)	4 L (16 cup) casserole	1.5 L (6 cup)	**MEDIUM-HIGH**	7 to 9	3	Add 5 mL (1 tsp) oil and 5 mL (1 tsp) salt to water. Cover and heat water to a boil (14 to 16 min. at **HIGH**). Add pasta. Cook uncovered; stir occasionally. Let stand, covered. Pasta that is to be added to a casserole should be slightly undercooked.
Elbow Macaroni 250 g (8 oz)	4 L (16 cup) casserole	1.5 L (6 cup)	**MEDIUM-HIGH**	11 to 13	3	
Spaghetti 250 g (8 oz broken)	4 L (16 cup) casserole	1.5 L (6 cup)	**MEDIUM-HIGH**	12 to 14	3	
Rice* Flavored Rice Mix 170 g (6 oz)	2.5 L (10 cup) casserole	as package directs	**MEDIUM-HIGH**	12 to 14	10	Cover and heat water to a boil (4 to 6 min. at **HIGH**). Add rice, salt and butter (amount of salt and butter as package directs). Cook covered; stir. Let stand, covered.
Long Grain 250 mL (1 cup)	2.5 L (10 cup) casserole	500 mL (2 cups)	**MEDIUM-HIGH**	11 to 13	10	
Short Grain 250 mL (1 cup)	3 L (12 cup) casserole	500 mL (2 cups)	**MEDIUM-HIGH**	9 to 10	10	
Cereal Cream of Wheat 1 serving 50 mL (¼ cup)	500 mL (2 cup) glass bowl	250 mL (1 cup)	**HIGH**	2 to 3	1	Combine cereal, water and salt (optional). Cook uncovered. Stir several times.
2 servings 75 mL (⅓ cup)	1 L (4 cup) glass bowl	375 mL (1½ cups)	**HIGH then MEDIUM**	3 3 to 4	1	
Oatmeal (Quick) 1 serving 75 mL (⅓ cup)	500 mL (2 cup) glass bowl	175 mL (¾ cup)	**HIGH**	2 to 3	1	Combine cereal, water and salt (optional). Cook uncovered. Stir several times.
2 servings 150 mL (⅔ cup)	1.5 L (6 cup) glass bowl	375 mL (1½ cups)	**HIGH then MEDIUM**	3 4 to 7	1	
4 servings 325 mL (1⅓ cups)	1 L (4 cup) glass bowl	750 mL (3 cups)	**HIGH then MEDIUM**	5 10 to 14	2	
Cornmeal, Wheat-Bran 1 serving 50 mL (¼ cup)	500 mL (2 cup) glass bowl	175 mL (¾ cup)	**HIGH**	2 to 4	1	Combine cereal, water and salt (optional). Cook uncovered. Stir several times.
2 servings 150 mL (⅔ cup)	1.5 L (6 cup) glass bowl	375 mL (1½ cups)	**HIGH then MEDIUM**	3 5 to 8	1	
4 servings 250 mL (1 cup)	2.5 L (10 cup) glass bowl	750 mL (3 cups)	**HIGH then MEDIUM**	5 12 to 16	2	

*For instant rice products use package directions. Bring hot water to a boil. Stir in product; let stand, covered.

Cuisson des pâtes, riz et céréales chaudes

Aliment	Récipient	quantité d'eau	Intensité	Durée approx. de cuisson (en minutes)	Durée d'attente (en minutes)	Directives spéciales
Pâtes						Ajouter 5 mL (1 c. à thé) d'huile et 5 mL (1 c. à thé) de sel à l'eau. Couvrir et amener à ébullition (14 à 16 min) à **"HIGH"**. Ajouter les pâtes et cuire sans couvercle. Remuer de temps en temps. Laisser reposer couvert. Ne pas faire cuire complètement les pâtes pour plats cuisinés.
Nouilles aux œufs, moyennes 250 g (8 oz)	Faitout de 4 L (16 tasses)	1,5 L (6 tasses)	**"MEDIUM-HIGH"**	7 à 9	3	
Macaroni en coudes 250 g (8 oz)	Faitout de 4 L (16 tasses)	1,5 L (6 tasses)	**"MEDIUM-HIGH"**	11 à 13	3	
Spaghetti 250 g (8 oz) cassé en deux	Faitout de 4 L (16 tasses)	1,5 L (6 tasses)	**"MEDIUM-HIGH"**	12 à 14	3	
Riz*						Couvrir et amener l'eau à ébullition (4 à 6 min à **"HIGH"**). Ajouter le sel et le beurre selon les directives de l'emballage. Couvrir et cuire. Remuer. Laisser reposer, couvert.
Mélange de riz assaisonné 170 g (6 oz)	Faitout de 2,5 L (10 tasses)	Selon le mode d'emploi de l'emballage	**"MEDIUM-HIGH"**	12 à 14	10	
Riz à grain long 250 mL (1 tasse)	Faitout de 2,5 L (10 tasses)	500 mL (2 tasses)	**"MEDIUM-HIGH"**	11 à 13	10	
Riz à grain court 250 mL (1 tasse)	Faitout de 3 L (12 tasses)	500 mL (2 tasses)	**"MEDIUM-HIGH"**	9 à 10	10	
Céréales chaudes Crème de blé ordinaire						Mélanger les céréales, l'eau et le sel (facultatif). Cuire sans couvrir. Remuer à plusieurs reprises.
1 portion 50 mL (¼ de tasse)	Bol en verre de 500 mL (2 tasses)	250 mL (1 tasse)	**"HIGH"**	2 à 3	1	
2 portions 75 mL (⅓ de tasse)	Bol en verre de 1 L (4 tasses)	375 mL (1½ tasse)	**"HIGH"** puis **"MEDIUM"**	3 3 à 4	1	
Gruau (minute)						Mélanger les céréales, l'eau et le sel (facultatif). Cuire sans couvrir. Remuer à plusieurs reprises.
1 portion 75 mL (⅓ de tasse)	Bol en verre de 500 mL (2 tasses)	175 mL (¾ tasse)	**"HIGH"**	2 à 3	1	
2 portions 150 mL (⅔ de tasse)	Bol en verre de 1,5 L (6 tasses)	375 mL (1½ tasse)	**"HIGH"** puis **"MEDIUM"**	3 4 à 7	1	
4 portions 325 mL (1⅓ de tasse)	Bol en verre de 1 L (4 tasses)	750 mL (3 tasses)	**"HIGH"** puis **"MEDIUM"**	5 10 à 14	2	
Céréales de blé et de son, de maïs						Mélanger les céréales, l'eau et le sel (facultatif). Cuire sans couvrir. Remuer à plusieurs reprises.
1 portion 50 mL (¼ de tasse)	Bol en verre de 500 mL (2 tasses)	175 mL (¾ de tasse)	**"HIGH"**	2 à 4	1	
2 portions 150 mL (⅔ tasse)	Bol en verre de 1,5 L (6 tasses)	375 mL (1½ tasse)	**"HIGH"** puis **"MEDIUM"**	3 5 à 8	1	
4 portions 250 mL (1 tasse)	Bol en verre de 2,5 L (10 tasses)	750 mL (3 tasses)	**"HIGH"** puis **"MEDIUM"**	5 12 à 16	2	

*Pour le riz minute, utiliser le mode d'emploi de l'emballage. Amener l'eau à ébullition. Y ajouter le riz minute, laisser reposer couvert.

MACARONI AND CHEESE

250 g	macaroni, cooked and drained	8 oz
50 mL	flour	¼ cup
50 mL	butter	¼ cup
500 mL	milk	2 cups
5 to		1 to
10 mL	prepared mustard	2 tsp
500 mL	old cheddar cheese, grated	2 cups
5 mL	salt	1 tsp
1 mL	pepper	¼ tsp
75 mL	fresh bread crumbs	⅓ cup
5 mL	paprika	1 tsp

In 1 L (4 cup) measure melt butter at **HIGH** 1 minute. Stir in flour; then gradually add milk. Microwave on **HIGH** 3 minutes. Continue cooking on **MEDIUM** 4 to 6 minutes or until sauce thickens. Stir in mustard, cheddar cheese, salt and pepper. Stir sauce into macaroni in a 2 L (8 cup) casserole. Top with bread crumbs and paprika. Cook at **MEDIUM-HIGH** 7 to 9 minutes.

6 servings

Variation: Use 125 mL (½ cup) tomato sauce for 50 mL (¼ cup) milk and 0.5 mL (⅛ tsp) basil for dry mustard.

MACARONI AU FROMAGE

250 g	de macaroni, cuit et égoutté	8 oz
50 mL	de farine	¼ de tasse
50 mL	de beurre	¼ de tasse
500 mL	de lait	2 tasses
5 à		1 à
10 mL	de moutarde préparée	2 c. à thé
500 mL	de cheddar fort, râpé	2 tasses
5 mL	de sel	1 c. à thé
1 mL	de poivre	¼ de c. à thé
75 mL	de chapelure fraîche	⅓ de tasse
5 mL	de paprika	1 c. à thé

Dans un faitout-mesure de 1 L (4 tasses), fondre le beurre à **"HIGH"** 1 minute. Incorporer la farine puis ajouter graduellement la lait. Cuire à **"HIGH"** 3 minutes, puis à **"MEDIUM"** 4 à 6 minutes ou jusqu'à ce que la sauce épaississe. Incorporer la moutarde, le fromage cheddar, le sel et le poivre. Mélanger la sauce et les macaroni dans un faitout de 2 L (8 tasses). Saupoudrer de chapelure et de paprika. Cuire à **"MEDIUM-HIGH"** 7 à 9 minutes.

6 portions

Variante: Remplacer 50 mL du lait par 125 mL (½ tasse) de sauce aux tomates et la moutarde par 0,5 mL de basilic (⅛ de c. à thé).

PASTA PRIMAVERA

250 g	spaghetti or spirals	8 oz
50 mL	butter or margarine	¼ cup
500 mL	broccoli flowerettes	2 cups
500 mL	cauliflowerettes	2 cups
3	carrots, cut in Julienne	3
2	cloves garlic, minced	2
50 mL	fresh parsley, chopped	¼ cup
5 mL	basil	1 tsp
25 mL	oil	2 tbsp
75 mL	Parmesan cheese, grated	⅓ cup
	Salt and pepper	

Cook pasta according to chart. Drain and add butter. In a 3 L (12 cup) casserole combine vegetables, garlic, herbs and oil. Cover. Cook at **HIGH** 5 to 7 minutes. Let stand 3 minutes. Add pasta and cheese. Toss well. Season to taste with salt and pepper.

4 servings

PÂTES "PRIMAVERA"

250 g	de spaghetti ou de spirales	8 oz
50 mL	de beurre ou de margarine	¼ de tasse
500 mL	de fleurettes de brocoli	2 tasses
500 mL	de choux-fleur	2 tasses
3	carottes, en bâtonnets	3
2	gousses d'ail, émincées	2
50 mL	de persil frais, haché	¼ de tasse
5 mL	de basilic	1 c. à thé
25 mL	d'huile	2 c. à soupe
75 mL	de fromage parmesan, râpé	⅓ de tasse
	Sel et poivre	

Cuire les pâtes selon les directives du tableau. Égoutter et y ajouter le beurre. Dans un faitout de 3 L (12 tasses), mélanger les légumes, l'ail, les herbes et l'huile. Recouvrir. Cuire à **"HIGH"** 5 à 7 minutes. Laisser reposer, 3 minutes. Ajouter les pâtes et le fromage. Bien mélanger. Saler et poivrer au goût.

4 portions

GRANOLA CEREAL

50 mL	honey	¼ cup
5 mL	vanilla	1 tsp
5 mL	cinnamon	1 tsp
500 mL	rolled oats	2 cups
150 mL	soy nuts or coarsely chopped nuts	⅔ cup
75 mL	wheat germ, optional	⅓ cup
50 mL	packed brown sugar	¼ cup
75 mL	coconut	⅓ cup
75 mL	raisins	⅓ cup

In a small measure heat honey, at **HIGH** 30 seconds. Stir in vanilla and cinnamon.
In shallow 2 L (8 cup) casserole combine oats, nuts, wheat germ, brown sugar and coconut.
Stir in honey mixture. Cook at **HIGH** 6 to 8 minutes; stir twice. Add raisins. Cool completely, stirring occasionally to crumble mixture. Store in airtight container.

750 mL (3 cups)

Recipe may be doubled; however, heat in small quantities.

Additions of dried chopped apricots or dates may be made.

CÉRÉALE "GRANOLA"

50 mL	de miel	¼ de tasse
5 mL	d'essence de vanille	1 c. à thé
5 mL	de cannelle	1 c. à thé
500 mL	de gruau	2 tasses
150 mL	de noix grossièrement hachées (au choix)	⅔ de tasse
75 mL	de germes de blé (facultatif)	⅓ de tasse
50 mL	de cassonade, tassée	¼ de tasse
75 mL	de noix de coco	⅓ de tasse
75 mL	de raisins secs	⅓ de tasse

Dans un faitout/mesure, réchauffer le miel à **"HIGH"** 30 secondes. Incorporer la vanille et la cannelle. Dans un faitout de 2 L (8 tasses), mélanger le gruau, les noix, le germe de blé, la cassonade et la noix de coco. Ajouter le miel et cuire à **"HIGH"** 6 à 8 minutes. Remuer deux fois durant la cuisson. Ajouter les raisins secs. Laisser refroidir complètement et remuer de temps en temps pour émietter. Ranger dans un contenant hermétique.

750 mL (3 tasses)

Cette recette peut être doublée, mais la cuisson doit se faire par petites quantités.

Des abricots secs hachés ou des dattes peuvent aussi être ajoutés.

CRACKED WHEAT WITH TOMATO

25 mL	butter	2 tbsp
125 mL	green onions, chopped	½ cup
1	garlic clove, minced	1
284 mL	chicken broth	10 oz
250 mL	bulgar (cracked wheat)	1 cup
250 mL	chick peas	1 cup
150 mL	water	⅔ cup
2 mL	dill	½ tsp
1	tomato, chopped	1

In a 2 L (8 cup) casserole, combine butter, onions and garlic. Cook at **HIGH** 2 to 2½ minutes. Stir in broth, bulgar, chick peas, water and dill. Cover with lid. Cook at **HIGH** 10 minutes. Stir.
Cook at **MEDIUM-HIGH** 15 minutes. Stir in tomato. Cover and cook at **HIGH** 5 minutes or until liquid is absorbed. Stir and let stand, covered, 5 minutes.

6 servings

BLÉ CONCASSÉ AVEC TOMATES

25 mL	de beurre	2 c. à soupe
125 mL	d'oignons verts, hachés	½ tasse
1	gousse d'ail, émincée	1
284 mL	de bouillon de poulet	10 oz
250 mL	de blé concassé	1 tasse
250 mL	de pois chiches	1 tasse
150 mL	d'eau	⅔ de tasse
2 mL	de fenouil	½ c. à thé
1	tomate, hachée	1

Dans un faitout de 2 L (8 tasses) avec couvercle, mélanger le beurre, l'oignon et l'ail. Cuire à **"HIGH"**, 2 à 2½ minutes. Incorporer le bouillon, le blé, les pois chiches, l'eau et le fenouil. Couvrir. Cuire à **"HIGH"** 10 minutes. Remuer.
Cuire à **"MEDIUM-HIGH"** 15 minutes. Incorporer les tomates. Couvrir et cuire à **"HIGH"** 5 minutes ou jusqu'à ce que tout le liquide se soit évaporé. Remuer et laisser reposer, couvert, 5 minutes.

6 portions

Directions for cooking fresh vegetables by time

Weights given in the chart for fresh vegetables are purchase weights before peeling, trimming, etc. Remove any dry or tough pieces. Cut vegetable pieces in the same shape and size.

Place vegetables in a casserole. Use only the water clinging to the vegetables when rinsed. For carrots and whole beans add 50 mL (¼ cup) water. Add salt to water or add after cooking. Do not place salt directly on vegetables. Cover dish with lid or plastic wrap.

Vegetables that are to be cooked whole and unpeeled, such as potatoes, squash and rutabaga, need to be pierced to allow steam to escape. Arrange vegetables in a circular pattern on a low rack or paper towel.

Cook at **HIGH** according to time recommended in charts. Halfway through cooking, stir, turn vegetables over or rearrange.

Let stand covered according to the time indicated in the chart to complete cooking.

Directions for cooking fresh vegetables by sensor S

Weights given in the chart for fresh vegetables are purchase weights before peeling, trimming, etc.

Cut, slice or trim as directed in chart. Add 25 mL (2 tablespoons) water to carrots. Other vegetables should be cooked with water that clings to them. Cook root vegetables in dish with matching lid or non-stretch plastic wrap. Other vegetables should be covered with waxed paper. Whole, unpeeled vegetables should be arranged in the oven as directed above. Cook dense vegetables such as potatoes, carrots, rutabaga, turnip and squash on Vegetables-Root other vegetables on Vegetables .

For softer texture use Doneness More .

After time appears in display window, stir vegetables. Continue cooking and when cycle is completed, stir vegetables and let stand covered, 3 minutes before serving.

Directions for cooking canned vegetables

Empty can of vegetables into a microwave safe container with matching lid. Include liquid.

TO COOK BY TIME: Cover and cook at **HIGH**. Cook a 284 mL size can for 1½ to 2 minutes. Cook a 540 mL size can for 2½ to 3 minutes.

TO COOK BY SENSOR REHEAT: Cover with waxed paper and cook on Reheat .

After cooking, stir and let stand covered 3 minutes.

Cuisson par la durée des légumes frais

Le tableau donne le poids des légumes à l'achat, avant qu'ils soient coupés, pelés, etc. Nettoyer et parer les légumes.

Placer les légumes dans un faitout. Ne pas ajouter d'eau aux légumes rincés. Pour les carrottes et les haricots entiers, ajouter 50 mL (¼ de tasse) d'eau. Saler l'eau ou saler après la cuisson. Ne pas saler directement les légumes. Utiliser le couvercle ou une pellicule plastique pour couvrir.

Perforer la peau des légumes qui sont cuits entiers, sans être pelés, tels que pommes de terre, courges et rutabaga, afin de permettre à la vapeur de s'échapper. Disposer en cercle sur un essuie-tout ou une grille.

Cuire à **"HIGH"** selon les durées recommandées au tableau. À mi-cuisson, remuer, retourner et redisposer les légumes.

Laisser reposer, couvert, selon les indications du tableau.

Cuisson par senseur des légumes frais S

Le tableau donne le poids des légumes à l'achat, avant qu'ils soient coupés, pelés, etc.

Couper, trancher ou préparer selon les directives du tableau. Ajouter 25 mL (2 c. à soupe) d'eau aux carottes. Les autres légumes devraient être rincés. Utiliser un faitout couvert ou une pellicule plastique non extensible sauf pour les légumes entiers, non pelés et les tubercules. Couvrir les autres légumes de papier ciré. Disposer ces derniers dans le four selon les indications de la section précédente. Cuire les légumes fermes comme les pommes de terre, carottes, rutabagas, navets et courges à Vegetables-Root . Cuire les autres légumes à Vegetables .

Pour des légumes plus tendres, utiliser le degré de cuisson More .

Lorsque la durée de cuisson apparaît au registre, remuer les légumes. Continuer à cuire et une fois le cycle terminé, remuer et laisser reposer, couvert, 3 minutes avant de servir.

Cuisson micro-ondes de légumes en conserve

Verser le contenu d'une boîte de légumes, avec le liquide, dans un faitout en verre avec couvercle.

Cuisson par la durée: Couvrir et cuire à **"HIGH"**: 1½ à 2 minutes pour une boîte de 284 mL, 2½ à 3 minutes pour une boîte de 540 mL.

Cuisson par senseur: Couvrir de papier ciré et cuire à Reheat .

La cuisson terminée, remuer et laisser reposer, couvert, 3 minutes.

Directions for cooking frozen vegetables by time

Remove vegetable from package and place in an appropriately sized container, cover with matching lid or plastic wrap. Vegetables frozen in a pouch should be placed on a dish and top of pouch pierced.

Cook at **HIGH** according to directions given in chart. Cooking vegetables in their paper package is not recommended as it does not allow for stirring.

Halfway through cooking, stir vegetables. For larger items such as corn on the cob, rearrange for even cooking.

Directions for cooking frozen vegetables by sensor ⑤

Empty 250 to 300 g package of frozen vegetables into a glass container. Add 25 mL (2 tbsp) water.

For frozen vegetables in the pouch, place the pouch on a dish. Pierce a hole in the pouch. Cook on
| Frozen-Foods | Vegetables |.

After cooking, stir and let stand covered, 3 minutes before serving.

Preparing dried beans

For dried white pea beans, northern or lima beans to be used in casseroles or bean dishes.

In a 3 L (12 cup) casserole, combine 1.5 L (6 cups) hot water, 500 g (1 lb) beans and 25 mL (2 tbsp) oil. Cover dish with lid. Bring to a boil at **HIGH** 15 to 20 minutes. Let beans soak, covered, 1 hour. Cook at **MEDIUM-HIGH** 15 to 20 minutes then at **MEDIUM** 40 to 45 minutes. Drain.

This quantity equals 1.5 L (6 cups) cooked or canned beans.

Cuisson par la durée des légumes surgelés

Retirer les légumes de l'emballage et les placer dans un contenant de format approprié. Utiliser le couvercle ou une pellicule plastique pour couvrir. Si les légumes sont surgelés en sachet, perforer le haut de ce dernier et le déposer dans une assiette.

Cuire à **"HIGH"** selon les indications du tableau. La cuisson dans les emballages ne permet pas de remuer les légumes; elle n'est donc pas recommandée.

À mi-cuisson, remuer les légumes. Redisposer les légumes de grandes dimensions tel que le maïs en épi.

Réchauffage par senseur des légumes ⑤

Verser le contenu d'un paquet de 250 à 300 g de légumes surgelés dans un faitout en verre. Ajouter 25 mL (2 c. à soupe) d'eau.

Si les légumes sont surgelés en sachet, disposer ce dernier dans une assiette et en perforer le haut. Cuire à
| Frozen-Foods | Vegetables |.

La cuisson terminée, remuer et laisser reposer, couvert, 3 minutes avant de servir.

Préparation et cuisson des haricots secs

Pour les haricots secs rouges ou blancs et les haricots de Lima utilisés dans les plats cuisinés.

Mettre 500 g (1 lb) d'haricots, 25 mL (2 c. à soupe) d'huile et 1,5 L (6 tasses) d'eau chaude dans un faitout de 3 L (12 tasses). Couvrir et amener à ébullition à **"HIGH"** 15 à 20 minutes. Laisser reposer, couvert, une heure. Poursuivre la cuisson à **"MEDIUM-HIGH"** 15 à 20 minutes, puis à **"MEDIUM"** 40 à 45 minutes. Égoutter.

Cette quantité correspond à 1,5 L (6 tasses) d'haricots cuits ou en conserve.

Fresh and frozen vegetable chart

Vegetables	Amount	Approximate cooking time, covered, at HIGH (in minutes)	Stand time (in minutes)
Artichokes	about 170 g (6 oz) each		
Fresh	1	5 to 7	5
	2	8 to 10	5
	4	12 to 14	5
Frozen, hearts	1 package (260 g)	5 to 6	3
Asparagus			
Fresh, spears	500 g (1 lb)	3 to 4	3
Frozen, spears	1 package (300 g)	4 to 6	3
Beans, green or wax			
Fresh, cut or whole	500 g (1 lb)	8 to 11	3
Frozen	1 package (300 g)	6 to 8	3
Lima beans			
Fresh	500 g (1 lb)	10 to 15	5
Frozen	1 package (300 g)	5½ to 7	3
Broccoli			
Fresh, cut into spears	500 g (1 lb)	3 to 5	3
Frozen, chopped or spears	1 package (300 g)	3 to 5	3
Brussels sprouts			
Fresh	500 g (1 lb)	4 to 5	5
Frozen	1 package (300 g)	7½ to 9	5
Cabbage, fresh			
Chopped or Shredded	500 g (1 lb)	8 to 11	5
Wedges	500 g (1 lb)	6 to 7½	5
Carrots, sliced 1 cm (½-inch) thick			
Fresh	500 g (1 lb)	7 to 9	5
Frozen	1 package (300 g)	5½ to 7	3
Cauliflower			
Fresh, cut into flowerets	500 g (1 lb)	3 to 5	5
Whole	500 to 625 g (1 to 1¼ lb)	11½ to 13	5
Frozen, flowerets	1 package (300 g)	5 to 6½	3
Corn, whole kernel			
Frozen	1 package (300 g)	4 to 5½	3
Corn, on the cob			
Fresh (remove husk and silk)	1 ear	1 to 2	3
	2 ears	2 to 4	3
	4 ears	4 to 8	5
Frozen (rinse off any frost)	1 ear	2½ to 3½	3
	2 ears	4 to 5	3
	4 ears	6 to 10	5
Eggplant, fresh			
Cubed	500 g (1 lb)	4 to 7	3
Whole (pierce skin)	500 to 625 g (1 to 1¼ lb)	3 to 4½	3
Kolrabi			
Fresh, sliced 1 cm (½-inch) thick	500 g (1 lb)	3 to 5	3

Fresh and frozen vegetable chart

Vegetables	Amount	Approximate cooking time, covered, at HIGH (in minutes)	Stand time (in minutes)
Okra, frozen Sliced Whole	 1 package (300 g) 1 package (300 g)	 4 to 6 5½ to 7	 3 3
Onions Fresh (small, whole)	 8 to 10 about 500 g (1 lb)	 6½ to 8	 3
Peas, green Fresh Frozen	 750 g (1½ lb) 1 package (300 g)	 5 to 6 5 to 7	 3 3
Peas, snow (Pea pods) Fresh Frozen	 500 g (1 lb) 1 package (170 g)	 3 to 7 4 to 5	 3 3
Peas and carrots Frozen	 1 package (300 g)	 5 to 7	 3
Potatoes Medium Peel, quarter, place in covered dish or cook whole on rack	about 170 g (6 oz) each 1 2 4	 4 to 6 6 to 8 8 to 12	 10 10 10
Rutabaga Pierced, unpeeled whole, covered with plastic wrap	 500 g (1 lb)	 11 to 15	 5
Spinach Fresh, leaf Frozen, leaf or chopped	 500 g (1 lb) 1 package (250 g)	 4 to 5 6 to 8	 3 3
Squash (summer) Sliced 1 cm (½-inch) thick Fresh Frozen	 500 g (1 lb) 1 package (300 g)	 4 to 8 5 to 6½	 3 3
Squash (winter) Fresh, whole (pierce skin) Frozen, whipped	 1 [500 g (1 lb)] 2 [375 g (¾ lb) ea.] 1 package (340 g)	 6 to 7½ 7½ to 9 6½ to 8	 5 5 3
Vegetables, mixed Frozen	 1 package (300 g)	 6½ to 8	 3
Zucchini sliced 1 cm (½-inch) thick Fresh Frozen	 500 g (1 lb) 1 package (300 g)	 5 to 6 5 to 6½	 3 3

Cuisson des légumes frais et surgelés

Aliment	Quantité	Durée de cuisson approx. à couvert à "HIGH" (en minutes)	Durée d'attente (en minutes)
Artichauts	environ 170 g (6 oz) ch.		
Frais	1	5 à 7	5
	2	8 à 10	5
	4	12 à 14	5
Cœurs, surgelés	1 paquet (260 g)	5 à 6	3
Asperges			
Fraîches, en tiges	500 g (1 lb)	3 à 4	3
Surgelées en tiges	1 paquet (300 g)	4 à 6	3
Haricots, verts ou jaunes			
Frais, coupés en morceaux ou entiers	500 g (1 lb)	8 à 11	3
Surgelés	1 paquet (300 g)	6 à 8	3
Haricots de lima			
Frais	500 g (1 lb)	10 à 15	5
Surgelés	1 paquet (300 g)	5½ à 7	3
Brocoli			
Frais, coupé en tiges	500 g (1 lb)	3 à 5	3
Surgelé, haché ou en tiges	1 paquet (300 g)	3 à 5	3
Choux de Bruxelles			
Frais	500 g (1 lb)	4 à 5	5
Surgelés	1 paquet (300 g)	7½ à 9	5
Choux			
Frais, haché ou râpé	500 g (1 lb)	8 à 11	5
Frais, en morceaux	500 g (1 lb)	6 à 7½	5
Carottes coupées en tranches de 1 cm (½ po)			
Fraîches	500 g (1 lb)	7 à 9	5
Surgelées	1 paquet (300 g)	5½ à 7	3
Chou-fleur			
Frais, coupé en fleurs	500 g (1 lb)	3 à 5	5
Entier	500 à 625 g (1 à 1¼ lb)	11½ à 13	5
Surgelé, en fleurs	1 paquet (300 g)	5 à 6½	3
Maïs en grain			
Surgelé	1 paquet (300 g)	4 à 5½	3
Maïs en épi			
Frais (enlever les feuilles et les barbes)	1 épi	1 à 2	3
	2 épis	2 à 4	3
	4 épis	4 à 8	5
Surgelé (rincer pour enlever les cristaux)	1 épi	2½ à 3½	3
	2 épis	4 à 5	3
	4 épis	6 à 10	5
Aubergine, fraîche			
En dés	500 g (1 lb)	4 à 7	3
Entière (perforer la peau)	500 à 625 g (1 à 1¼ lb)	3 à 4½	3
Chou-rave			
Frais, coupé en tranches de 1 cm (½ po)	500 g (1 lb)	3 à 5	3

63

Cuisson des légumes frais et surgelés

Aliment	Quantité	Durée de cuisson approx. à couvert à "HIGH" (en minutes)	Durée d'attente (en minutes)
Gombo surgelé Tranché Entier	1 paquet (300 g) 1 paquet (300 g)	4 à 6 5½ à 7	3 3
Oignons frais Petits, entiers	8 à 10 [environ 500 g (1 lb)]	6½ à 8	3
Pois verts Frais Surgelés	750 g (1½ lb) 1 paquet (300 g)	5 à 6 5½ à 7	3 3
Pois mange-tout Frais Surgelés	500 g (1 lb) 1 paquet (170 g)	3 à 7 4 à 5	3 3
Pois et carottes Surgelés	1 paquet (300 g)	5 à 7	3
Pommes de terre au four Moyennes Déposer sur une grille à rissoler. Redisposer à mi-cuisson.	environ 170 g (6 oz) ch. 1 2 4	4 à 6 6 à 8 8 à 12	10 10 10
Rutabaga Entière, peau perforée recouverte d'une pellicule plastique	500 g (1 lb)	11 à 15	5
Épinards Frais en feuilles Surgelés, en feuilles ou hachés	500 g (1 lb) 1 paquet (250 g)	4 à 5 6 à 8	3 3
Courges d'été tranchées en morceaux de 1 cm (½ po) Fraîches Surgelées	500 g (1 lb) 1 paquet (300 g)	4 à 8 5 à 6½	3 3
Courges d'hiver Fraîches, entières (peau perforée) Surgelées	1 de 500 g (1 lb) 2 de 375 g (¾ lb) ch. 1 paquet (340 g)	6 à 7½ 7½ à 9 6½ à 8	5 5 3
Macédoine de légumes Surgelées	1 paquet (300 g)	6½ à 8	3
Courgettes, coupées en morceaux de 1 cm (½ po) Fraîches Surgelées	500 g (1 lb) 1 paquet (300 g)	5 à 6 5 à 6½	3 3

ORANGE GLAZED CARROTS **S**

50 mL	orange juice	¼ cup
50 mL	honey	¼ cup
50 mL	butter or margarine, melted	¼ cup
2 mL	grated lemon peel, optional	½ tsp
1 mL	salt	¼ tsp
~~10 mL~~	~~cornstarch~~	~~2 tsp~~
	Dash nutmeg	
500 g	carrots, sliced 1 cm (½-inch) thick	1 lb

In 1 L (4 cup) casserole, combine juice, honey, butter, lemon peel, salt and nutmeg. Stir in cornstarch; mix until well blended. Stir in carrots. Cover with lid.

TO COOK BY SENSOR: Cook on Vegetables-Root . After time appears in display window, stir once.

TO COOK BY TIME: Cook at **HIGH** 5 to 9 minutes; stir once.

TO COMPLETE: Stir; let stand covered 3 minutes before serving.

4 servings

CAROTTES GLACÉES À L'ORANGE **S**

50 mL	de jus d'orange	¼ de tasse
50 mL	de miel	¼ de tasse
50 mL	de beurre ou de margarine, fondu	¼ de tasse
2 mL	de zeste de citron, râpé (facultatif)	½ c. à thé
1 mL	de sel	¼ de c. à thé
~~10 mL~~	~~de fécule de maïs~~	~~2 c. à thé~~
	Pincée de muscade	
500 g	de carottes, coupées en tranches de 1 cm (½ po)	1 lb

Dans un faitout de 1 L (4 tasses) avec couvercle, mélanger le jus, le miel, le beurre, le zeste de citron, le sel et la muscade. Incorporer la fécule et bien remuer. Incorporer les carottes. Couvrir.

CUISSON PAR SENSEUR: Cuire à Vegetables-Root . Lorsque la durée de cuisson apparaît au registre, remuer une fois.

CUISSON PAR LA DURÉE: Cuire à **"HIGH"** 5 à 9 minutes. Remuer une fois durant la cuisson.

POUR COMPLÉTER: Remuer et laisser reposer, couvert, 3 minutes avant de servir.

4 portions

GERMAN STYLE RED CABBAGE

1	red cabbage, [about 1 kg (2 lb)], shredded	1
250 mL	apple juice	1 cup
6	slices of bacon, diced	6
3	small cooking onions, finely chopped	3
3	apples pared, cored and shredded	3
5 mL	salt	1 tsp
125 mL	brown sugar	½ cup
5 mL	caraway seeds	1 tsp
50 mL	cider vinegar	¼ cup

In a 1 L (4 cup) casserole combine bacon and onions. Cover and cook at **HIGH** 6 minutes. In a 2 L (8 cup) casserole partially cook cabbage and apple juice at **HIGH** 10 minutes. Add remaining ingredients including bacon mixture to the cabbage. Cook at **HIGH** 16 to 25 minutes, depending on degree of softness desired for cabbage.

4 to 6 servings

CHOU ROUGE À L'ALLEMANDE

1	petit chou rouge d'environ 1 kg (2 lb), râpé	1
250 mL	de jus de pomme	1 tasse
6	tranches de bacon, en cubes	6
3	petits oignons, hachés finement	3
3	pommes, pelées, épépinées et râpées	3
5 mL	de sel	1 c. à thé
125 mL	de cassonade	½ tasse
5 mL	de graines de carvi	1 c. à thé
50 mL	de vinaigre de cidre	¼ de tasse

Dans un faitout de 1 L (4 tasses), mélanger le bacon et l'oignon. Couvrir et cuire à **"HIGH"** 6 minutes. Dans un faitout de 2 L (8 tasses), cuire partiellement le chou rouge et le jus de pomme à **"HIGH"** 10 minutes. Ajouter au chou le reste des ingrédients et le mélange au bacon. Cuire à **"HIGH"** 16 à 25 minutes, ou selon le degré de cuisson désiré pour le chou.

4 à 6 portions

SESAME BROCCOLI AND ⬛S CAULIFLOWER

15 mL	oil	1 tbsp
15 mL	sesame seeds	1 tbsp
200 g	broccoli, trimmed cut in flowerets	5 oz
550 g	cauliflower, cut in flowerets	9 oz
½	red pepper, chopped	½
15 mL	soy sauce	1 tbsp
5 mL	grated ginger	1 tsp

Place oil and sesame seeds in a 1.5 L (6 cup) casserole. Cook at **HIGH** 4 minutes. Add remaining ingredients and stir well. Cover with lid.

TO COOK BY SENSOR: Cook on Vegetables. Stir when time shows.

TO COOK BY TIME: Cook at **HIGH** 6 to 8 minutes, stirring once.

4 servings.

BROCOLI, CHOUX-FLEURS ET ⬛S GRAINES DE SÉSAME

15 mL	d'huile	1 c. à soupe
15 mL	de graines de sésame	1 c. à soupe
200 g	de brocoli, coupé en fleurs	5 oz
550 g	de chou-fleur, coupé en fleurs	9 oz
½	poivron rouge, haché	½
15 mL	de sauce de soja	1 c. à soupe
5 mL	de gingembre râpé	1 c. à thé

Mettre l'huile et les graines de sésame dans un faitout de 1,5 L (6 tasses). Cuire à "**HIGH**" 4 minutes. Ajouter le reste des ingrédients et bien mélanger.

CUISSON PAR SENSEUR: Cuire à Vegetables. Lorsque la durée de cuisson apparaît au registre, remuer une fois.

CUISSON PAR LA DURÉE: Couvrir avec un couvercle. Cuire à "**HIGH**" 6 à 8 minutes. Remuer une fois durant la cuisson.

4 portions

ZUCCHINI PARMESAN

4	medium zucchini, sliced [about 750 g (1½ lb)]	4
50 mL	grated Parmesan cheese	¼ cup
1	250 mL can tomato sauce	1
125 mL	shredded Mozzarella cheese	½ cup

In a 20 cm (8-inch) round dish, combine zucchini, Parmesan cheese and tomato sauce. Cook, covered with plastic wrap, at **HIGH** 6 to 8 minutes, or until zucchini is tender; stir once. Sprinkle with Mozzarella cheese and let stand, covered, 5 minutes before serving.

4 servings

COURGETTES AU PARMESAN

4	courgettes moyennes, tranchées [environ 750 g (1½ lb)]	4
50 mL	de fromage parmesan, râpé	¼ de tasse
1	boîte de sauce aux tomates (250 mL)	1
125 mL	de fromage mozzarella, râpé	½ tasse

Dans un plat rond de 20 cm (8 po), mélanger les courgettes, le parmesan et la sauce aux tomates. Couvrir d'une pellicule plastique et cuire à "**HIGH**" 6 à 8 minutes, ou jusqu'à ce que les courgettes soient tendres. Remuer une fois durant la cuisson. Parsemer de mozzarella et laisser reposer, couvert, 5 minutes avant de servir.

4 portions

GERMAN POTATO SALAD

4		**medium potatoes**	4
6		**slices side bacon**	6
4		**green onions, chopped**	4
1		**hard cooked egg, chopped**	1
1		**dilled pickle, chopped**	1
50	mL	**chicken consommé**	1/4 cup
25	mL	**vinegar**	2 tbsp
25	mL	**bacon fat**	2 tbsp
2	mL	**dry mustard**	1/4 tsp

Cook potatoes, peel and dice. In a 2 L (8 cup) dish cook bacon at **MEDIUM-HIGH**, 7 to 8 minutes; remove from dish. Save drippings.
Place bacon on paper towelling, then crumble. Add remaining ingredients, stir well.
Stir in potatoes, Serve warm. Reheat at **HIGH** 2 to 3 minutes, if required.

4 to 6 servings.

SALADE DE POMMES DE TERRE À L'ALLEMANDE

4		**pommes de terres, moyennes**	4
6		**tranches de bacon**	6
4		**oignons verts, hachés**	4
1		**œuf cuit dur, haché**	1
1		**cornichon à l'aneth, haché**	1
50	mL	**de bouillon de poulet**	1/4 de tasse
25	mL	**de vinaigre**	2 c. à soupe
25	mL	**de graisse de bacon**	2 c. à soupe
2	mL	**de moutarde sèche**	1/4 de c. à thé

Cuire les pommes de terre, les peler et les couper en dés. Dans un plat de 2 L (8 tasses), cuire le bacon à **"MEDIUM-HIGH"** 7 à 8 minutes. Conserver les jus de cuisson. Déposer le bacon sur une serviette en papier puis émietter. Ajouter le reste des ingrédients et bien mélanger. Ajouter les pommes de terre. Servir tiède. Réchauffer à **"HIGH"** 2 à 3 minutes, si désiré.

4 à 6 portions

MASHED POTATOES S

6		**medium potatoes [about 1 kg (2 lb)] peeled and quartered**	6
125 to 175	mL	**milk**	1/2 to 3/4 cup
50	mL	**butter or margarine**	1/4 cup
		Salt and pepper to taste	

Rinse potatoes; drain. Arrange potatoes in medium glass bowl. Cover with lid.

TO COOK BY SENSOR: Cook on **Vegetables-Root**. After time appears in display window, stir once. After cooking, release plastic wrap.

TO COOK BY TIME: Cook at **HIGH** 11 to 14 minutes; stir once.

TO COMPLETE: Potatoes should be tender. Let stand covered 5 minutes. Drain. Meanwhile, in large glass bowl, combine remaining ingredients; cook at **MEDIUM** 3 to 4 minutes, or until hot. Add potatoes and mash until smooth.

6 servings

Note: For instant mashed potatoes, follow package directions; cook water, milk and salt in bowl at **HIGH** (see Microwave Shortcuts chart). Stir in butter and instant potato flakes.

POMMES DE TERRE EN PURÉE S

6		**pommes de terre moyennes [environ 1 kg (2 lb), pelées et en quartiers**	6
125 à 175	mL	**de lait**	1/2 à 3/4 de tasse
50	mL	**de beurre ou de margarine**	1/4 de tasse
		Sel et poivre, au goût	

Rincer les pommes de terre; égoutter. Disposer dans un bol moyen en verre. Couvrir avec un couvercle.

CUISSON PAR SENSEUR: Cuire à **Vegetables-Root**. Lorsque la durée de cuisson apparaît au registre, remuer une fois. La cuisson terminée, desserrer le plastique.

CUISSON PAR LA DURÉE: Cuire à **"HIGH"** 11 à 14 minutes. Remuer une fois durant la cuisson.

POUR COMPLÉTER: Lorsque les pommes de terre sont tendres, laisser reposer, couvert, 5 minutes. Égoutter. Entre-temps, dans un grand bol en verre, mélanger le reste des ingrédients. Cuire à **"MEDIUM"** 3 à 14 minutes, ou jusqu'à ce que le tout soit bien chaud. Incorporer les pommes de terre et piler pour obtenir une purée onctueuse.

6 portions

Remarque: Pour une purée de pommes de terre instantanée, suivre le mode d'emploi de l'emballage. Faire chauffer l'eau, le lait et le sel dans un bol en verre, à **"HIGH"**. (Voir le tableau des conseils pratiques.) Incorporer le beurre et les flocons de pommes de terre.

Desserts, et

Cooking cakes, cupcakes, muffins and quick breads

Prepare batter according to recipe on package directions. When unsure about converting conventional recipes follow one of the following recipes of a similar type.

Use recommended dish size. Glass dishes allow bottom of baked goods to be checked visually for doneness. After cooking visually check bottom for doneness.

Grease bottom of dish when cakes are served from the dish. Grease bottom and sides and line bottom of dish with waxed paper when the product is inverted from dish. Never flour the dish.

Use only 550 mL (2¼ cups) of batter (half full) for a 20 to 23 cm (8 to 9-inch) round or square dish. Cook second layer immediately after the first. The remaining batter can be used for cupcakes.

Shield square dishes with triangles of foil on each corner; mold around dish. When necessary, shield ends of loaf dishes with 7.5 cm (3-inch) strip of foil. Remove foil approximately halfway through the cooking time.

When cooking cupcakes and muffins, line microwave muffin pans with paper baking cups or grease solid cups. Fill cups ⅔ full.

Cover with waxed paper when indicated in chart or recipe. Most packaged mixes and some recipes benefit from 2-stage cooking. We have given 2-stage cooking directions where they are helpful.

Check during cooking since recipes and cooking times vary. After cooking, tops may be sticky, but a toothpick inserted near center should come out clean.

Let stand, uncovered, on a flat surface for 10 to 15 minutes. Stand time is important to allow product to finish cooking. When left in the pan longer, cakes may be difficult to invert out of pan.

Cakes and breads that are to be inverted should be loosened from the sides of the dish. Carefully turn product out of dish and peel off waxed paper. Store, covered, until ready to serve.

Item	Amount of batter	Dish size	Cooking power and time (in minutes)		Special instructions	Stand time
			First stage	Second stage		
Butter cake: Single layer or half of prepared mix	550 mL (2¼ cups)	20 to 23 cm (8 to 9-inch) Round or square dish	**MEDIUM** 6	**HIGH** 1 to 2	———	10
Butter cake: All batter or enough for layers	All batter	3.5 L (14 cup) fluted, tube dish	**MEDIUM** 10 to 12	**HIGH** 1 to 2	———	15
Cupcakes: large size	50 mL (¼ cup) each	1 2 4	**MEDIUM-HIGH** 25 to 35 sec 40 to 50 sec 1½ to 1¾ min	———	———	Cool.
Mix in Dish (Snackin' cake) 400 g (14 oz)	All batter	20 to 23 cm (8 to 9-inch) Round or square dish	**MEDIUM** 6	**HIGH** 2 to 3	Cover with waxed paper.	10, uncovered
Mix in Dish cake (with frosting)	All batter	Cardboard provided or round or square dish	**MEDIUM** 5	**HIGH** 1 to 2	———	Cool.
Brownies	500 mL (2 cups)	20 to 23 cm (8 to 9-inch) square dish	**MEDIUM** 10 to 12	———	———	Cool with waxed paper.
Bar Cookies	400 mL (1½ cups)	20 to 23 cm (8 to 9-inch) square dish	**MEDIUM** 6	**HIGH** 2 to 3	Cover with waxed paper during first stage.	Cool completely.
Muffins large size	50 mL (¼ cup) each	1 2 6	**MEDIUM** 40 to 60 sec 1 to 1½ min 3 to 5 min	———	———	———

Préparation des gâteaux, petits fours, muffins et pains éclairs

Préparer la pâte selon les directives de l'emballage. Pour faire la conversion de recettes personelles, choisir une recette similaire parmi celles qui suivent et l'utiliser comme guide.

Utiliser les récipients recommandés. Les moules en verre transparent (clair) permettent de vérifier visuellement le degré de cuisson.

Graisser le fond du moule si le gâteau sera servi sans être démoulé. Graisser entièrement le moule et garnir le fond d'une feuille de papier ciré s'il doit être renversé pour démouler le gâteau. Ne jamais enfariner les moules.

Utiliser seulement 550 mL (2¼ tasses) de pâte (remplir la moitié) dans un moule rond ou carré de 20 ou 23 cm (8 ou 9 po). Cuire le second étage immédiatement après le premier. Utiliser le reste de la pâte pour confectionner des petits fours.

Protéger les plats carrés au moyen d'un triangle de papier d'aluminium à chaque coin. Le replier sur le rebord du moule. Si nécessaire, protéger les extrémités des moules à pain en les recouvrant d'une bande de papier d'aluminium de 7,5 cm (3 po) de largeur. À mi-cuisson retirer la bande.

Cuire les muffins et les petits fours dans des moules à muffins pour four micro-ondes, graissés ou garnis de coupe de papier. Remplir aux deux tiers.

Couvrir de papier ciré selon les directives du tableau ou de la recette. La plupart des mélanges et certaines des recettes donnent de meilleurs résultats si la cuisson est effectuée en deux cycles. Le cas échéant, les indications relatives à ce mode de cuisson ont été fournies dans les recettes de ce livre.

Suivre la progression de la cuisson, car la durée peut varier selon les recettes. La cuisson terminée, le dessus du gâteau pourrait être légèrement collant au toucher, mais un cure-dent en bois, inséré près du centre, devrait en ressortir propre. Laisser reposer, à découvert, sur une surface plane, 10 à 15 minutes. Cette durée d'attente permet de compléter la cuisson. Ne pas prolonger la durée d'attente car le gâteau pourrait coller au moule et il serait difficile de le démouler. Pour démouler, détacher le gâteau ou le pain des parois et retourner le moule avec précaution. Retirer le moule et enlever le papier ciré. Couvrir et ranger jusqu'au moment de servir.

Aliment	Quantité de pâte	Moule	Intensité et durée de cuisson (en minutes)		Directives spéciales	Durée d'attente (en minutes)
			1er cycle	2e cycle		
Gâteau au beurre Un étage ou la moitié du mélange à gâteau	550 mL (2¼ tasses)	Moule rond ou carré de 20 cm à 23 cm (8 à 9 po)	"MEDIUM" 6	"HIGH" 1 à 2		10
Gâteau au beurre Toute la pâte ou suffisamment pour plusieurs étages	Toute	Moule en couronne de 3,5 L (14 tasses)	"MEDIUM" 10 à 12	"HIGH" 1 à 2		15
Petits fours Grand format	50 mL (¼ de tasse) par petit four	1 2 4	"MEDIUM-HIGH" 25 à 35 sec 40 à 50 sec 1½ à 1¾ min	—	—	Laisser refroidir.
Gâteau collation "snackin", (préparé dans le moule) 400 g (14 oz)	Toute	Moule rond ou carré de 20 cm à 23 cm (8 à 9 po)	"MEDIUM" 6	"HIGH" 2 à 3	Couvrir de papier ciré.	10, à découvert.
Gâteau collation (préparé dans le moule), avec glaçage	Toute	Moule en carton fourni avec le mélange	"MEDIUM" 5	"HIGH" 1 à 2		Laisser refroidir.
Brownies	500 mL (2 tasses)	Moule carré de 20 cm à 23 cm (8 à 9 po)	"MEDIUM" 10 à 12	—	—	Laisser refroidir couvert de papier ciré.
Carrés	400 mL (1½ tasse)	Moule carré de 20 cm à 23 cm (8 à 9 po)	"MEDIUM" 6	"HIGH" 2 à 3	Couvrir de papier ciré durant le 1er cycle.	Laisser refroidir complètement.
Muffins Grand format	50 mL (¼ de tasse) par muffin	1 2 6	"MEDIUM" 40 à 60 sec 1 à 1½ min 3 à 5 min	—		

Cooking pudding and pie filling mixes

In a container twice the volume of the mix, combine ingredients according to package directions.

For a 4 serving package cook at **MEDIUM-HIGH** 5 to 8 minutes. Stir twice during cooking time.

Chill before serving. Stir rice or tapioca pudding occasionally. Egg custard, rice pudding and tapioca pudding will thicken as they chill.

Cuisson des poudings et garnitures pour tarte, en mélanges

Dans un bol dont le volume fait le double de celui du mélange, mélanger les ingrédients selon les directives de l'emballage.

Pour un paquet de 4 portions, cuire à **"MEDIUM-HIGH"** 5 à 8 minutes. Remuer à deux reprises durant la cuisson.

Réfrigérer avant de servir. Remuer le pouding au riz ou au tapioca de temps à autre. Les poudings au riz et au tapioca, de même que la crème vanillée épaississent en refroidissant.

OLD TYME RICE PUDDING

250 mL	long grain rice	1 cup
375 mL	water	1½ cups
125 mL	sugar	½ cup
2 mL	salt	½ tsp
500 mL	milk, warm	2 cups
1	egg, beaten	1
125 mL	raisins	½ cup
5 mL	vanilla	1 tsp
2 mL	nutmeg	½ tsp

Combine rice, water, sugar and salt in 2 L (8 cup) casserole; cover. Cook at **HIGH** 2 minutes, then at **MEDIUM-HIGH** 16 to 18 minutes until water is absorbed. Gradually stir milk into egg. Stir into rice; add raisins and vanilla. Cover; cook at **MEDIUM** 10 to 14 minutes.
Sprinkle with nutmeg. Let stand 15 minutes, or cool.

4 servings

POUDING AU RIZ À L'ANCIENNE

250 mL	de riz à grains long	1 tasse
375 mL	d'eau	1½ tasse
125 mL	de sucre	½ tasse
2 mL	de sel	½ c. à thé
500 mL	de lait tiède	2 tasses
1	œuf, battu	1
125 mL	de raisins secs	½ tasse
5 mL	d'essence de vanille	1 c. à thé
2 mL	de muscade	½ c. à thé

Dans un faitout de 2 L (8 tasses), mélanger le riz, l'eau, le sucre et le sel. Recouvrir. Cuire à **"HIGH"** 2 minutes, puis à **"MEDIUM-HIGH"** 16 à 18 minutes ou jusqu'à ce que l'eau s'évapore. Ajouter le lait graduellement à l'œuf. Incorporer au riz. Ajouter les raisins secs la vanille et recouvrir. Cuire à **"MEDIUM"** 10 à 14 minutes. Saupoudrer de muscade. Laisser reposer 15 minutes, ou refroidir.

4 portions

CHOCOLATE MOUSSE

2	squares (60 g) unsweetened chocolate	2
250 mL	whipping cream	1 cup
2	eggs, separated	2
5 mL	vanilla	1 tsp
50 mL	sugar, divided	¼ cup

To microwave: Place chocolate squares and 125 mL (½ cup) cream in a small bowl. Cook at **HIGH** 1½ to 2½ minutes or until cream is hot. Stir until chocolate melts. With a whisk, thoroughly beat in egg yolks, one at a time. Beat in vanilla and half the sugar. In another bowl beat egg whites until soft peaks form. Gradually beat in remaining sugar. Continue beating until whites form stiff peaks. Fold egg whites into chocolate mixture. Spoon into dessert dishes. Chill. Beat remaining cream and garnish each serving.

4 servings

MOUSSE AU CHOCOLAT

2	carrés (60 g) de chocolat non-sucrés	2
250 mL	de crème à fouetter	1 tasse
2	œufs, sépares	2
5 mL	d'extrait de vanille	1 c. à thé
50 mL	de sucre	¼ de tasse

Cuisson micro-ondes: Dans un petit bol, mettre le chocolat et 125 mL (½ tasse) de crème. Cuire à **"HIGH"** 1½ à 2½ minutes ou jusqu'à ce que la crème soit chaude. Remuer jusqu'à ce que le chocolat ait fondu. Avec un fouet, incorporer les jaunes d'œufs, un par un. Incorporer la vanille et la moitié du sucre. Dans un autre bol, battre les blancs en neige mi-ferme. Incorporer graduellement le reste du sucre. Continuer à battre jusqu'à neige ferme. Mélanger délicatement les blancs et le mélange de crème. À la cuillère, verser la mousse dans des coupes à dessert. Réfrigérer. Monter le reste de la crème et garnir les coupes.

4 portions

CHRISTMAS PUDDING (CARROT)

125 mL	flour	½ cup
5 mL	salt	1 tsp
2 mL	baking soda	½ tsp
5 mL	cinnamon	1 tsp
2 mL	allspice	¼ tsp
2 mL	nutmeg	½ tsp
1 mL	mace	¼ tsp
175 mL	cut mixed fruit	¾ cup
50 mL	almonds, slivered	¼ cup
250 mL	carrot, grated	1 cup
250 mL	potato, grated	1 cup
300 mL	bread crumbs	1¼ cups
500 mL	raisins and currants, combined	2 cups
250 mL	brown sugar	1 cup
175 mL	suet, ground	¾ cup
25 mL	milk	2 tbsp

Combine dry ingredients then add remaining ingredients, stirring well. Using a solid shortening grease moulds. Fill almost full; cover with plastic wrap. Cook at **MEDIUM** for the time indicated.
Full recipe 1.5 L (6 cups) ring mould 11 to 14 minutes.
Half recipe 675 mL (2½ cups) mould 5 to 7 minutes.
Individual 175 mL (¾ cup) custard cup 1 to 1½ minutes.
Unmould after 10 minutes standing time. Wrap in plastic wrap and store in an air tight container in a cool place or freeze. Serve warm, with caramel or golden sauce.
To reheat, leave wrapped in plastic and put on a plate. Reheat at **MEDIUM** for half of the cooking time.

1.5 L (6 cups)

POUDING DE NOËL (AUX CAROTTES)

125 mL	de farine	½ tasse
5 mL	de sel	1 c. à thé
2 mL	de levure chimique	½ c. à thé
5 mL	de cannelle	1 c. à thé
2 mL	de piment de la Jamaïque	½ c. à thé
2 mL	de muscade	½ c. à thé
1 mL	de macis	¼ c. à thé
175 mL	de fruits confits, hachées	¾ de tasse
50 mL	d'amandes effilées	¼ de tasse
250 mL	de carottes, râpées	1 tasse
250 mL	de pommes de terre, râpées	1 tasse
300 mL	de chapelure	1¼ de tasse
500 mL	de raisins secs et raisins de Corinthe, mélangés	2 tasses
250 mL	de cassonade	1 tasse
175 mL	de graisse de bœuf, hachée	¾ de tasse
25 mL	de lait	2 c. à soupe

Mélanger les ingrédients secs. Incorporer le reste des ingrédients. Bien mélanger. Utiliser du shortening pour graisser les moules. Remplir les moules presque complètement et couvrir de papier ciré. Cuire à **"MEDIUM"** pour la durée indiquée ci-dessous.
Pour une recette: Utiliser un moule en couronne de 1,5 L (6 tasses) et une durée de cuisson de 11 à 14 minutes.
Pour la moitié de la recette: Utiliser un moule de 675 mL (2½ tasses) et faire cuire 5 à 7 minutes.
Pour des petits poudings: Utiliser des coupes à dessert de 175 mL (¾ de tasse) et faire cuire 1 à 1½ minutes.
Laisser reposer 10 minutes. Démouler. Envelopper d'une feuille de plastique et conserver au frais ou congeler dans un récipient hermétique. Servir tiède avec une sauce caramel ou une sauce blonde.
Pour réchauffer, laisser enveloppé et mettre dans un plat. Réchauffer à **"MEDIUM"** pour une durée égale à la moitié de la durée de cuisson.

1,5 L (6 tasses)

BASIC EGG CUSTARD

500 mL	milk	2 cups
4	eggs, beaten	4
50 to 75 mL	sugar	¼ to ⅔ cup
2 mL	vanilla	½ tsp
	Nutmeg	

Heat milk in 1 L (4 cup) glass measure at **MEDIUM** 3 to 5 minutes or until scalded. Quickly stir in eggs, sugar and vanilla. Pour into 6 greased custard cups [170 mL (6 oz) each]; sprinkle with nutmeg. On oven tray, arrange dishes in circular pattern. Cook at **MEDIUM** 9 to 11 minutes. Remove custards as they are cooked. Custards are cooked when they are firmly set about 2.5 cm (1-inch) from edge and center is thickened but not set. Let stand until cool. Center will set. Serve.

6 servings

CRÈME VANILLÉE

500 mL	de lait	2 tasses
4	œufs battus	4
50 à 75 mL	de sucre	¼ à ⅓ de tasse
2 mL	d'essence de vanille	½ c. à thé
	Muscade	

Dans une tasse à mesurer en verre de 1 L (4 tasses), faire frémir le lait à **"MEDIUM"** 3 à 5 minutes. Incorporer rapidement les œufs, le sucre et l'essence de vanille. Verser dans six coupes à dessert de 170 mL (6 oz) chacune, graissées. Saupoudrer de muscade. Disposer les coupes en cercle sur le plateau du four. Cuire à **"MEDIUM"** 9 à 11 minutes. Retirer les crèmes à mesure qu'elles sont cuites, c'est-à-dire lorsqu'elles sont fermes à 2,5 cm (1 po) du bord et que le centre ait épaissi sans être figé. Laisser refroidir. Le centre figera durant cette période. Servir.

6 portions

BAKED APPLES **S**

4	large baking apples [about 170 g (6 oz) ea.]	4
50 mL	packed brown sugar	¼ cup
25 mL	finely chopped nuts or raisins	2 tbsp
1 mL	cinnamon	¼ tsp
25 mL	butter or margarine	2 tbsp
50 mL	water	¼ cup

Core apples, leaving small plug in blossom end; peel skin 2.5 cm (1-inch) from top. Combine sugar, nuts and cinnamon; fill apples with mixture.
Arrange apples in 20 cm (8-inch) square dish. Dot with butter and sprinkle with water.

TO COOK BY SENSOR: Cover with plastic wrap. Cook on Vegetables.

TO COOK BY TIME: Cook at **MEDIUM-HIGH** 8 to 11 minutes.

TO COMPLETE: Let stand 5 minutes. Serve warm or chilled, with sauce.

4 servings

Note: For TWO Servings, follow above procedure. Halve all ingredients; cook apples 3 to 4 minutes.

POMMES CUITES **S**

4	grosses pommes d'environ 170 g (6 oz) chacune	4
50 mL	de cassonade, tassée	¼ de tasse
25 mL	de noix, finement hachées, ou de raisins secs	2 c. à soupe
1 mL	de cannelle	¼ de c. à thé
25 mL	de beurre ou de margarine	2 c. à soupe
50 mL	d'eau	¼ de tasse

Enlever le cœur des pommes sans les percer complètement et peler le dessus sur environ 2,5 cm (1 po). Mélanger le sucre, les noix et la cannelle. En larcir les pommes. Disposer les pommes dans un plat carré de 20 cm (8 po).
Parsemer de noix de beurre et asperger d'eau.

CUISSON PAR SENSEUR: Cuire à Vegetables.

CUISSON PAR LA DURÉE: Cuire à **"MEDIUM-HIGH"** 8 à 11 minutes.

POUR COMPLÉTER: Laisser reposer 5 minutes. Servir chaud ou froid, avac la sauce.

Remarque: Pour 2 portions: reprendre les mêmes étapes et n'utiliser que la moitié des ingrédients. Cuire les pommes 3 à 4 minutes.

4 portions

PEARS IN WINE SAUCE **S**

2	cinnamon sticks	2
50 mL	sugar	¼ cup
2 mL	whole cloves	½ tsp
1 mL	grated lemon peel	¼ tsp
125 mL	port wine	½ cup
25 mL	water	2 tbsp
25 mL	apricot preserves	2 tbsp
25 mL	apricot brandy	2 tbsp
6	small pears, halved lengthwise, peeled, cored	6

Combine cinnamon, sugar, cloves, lemon, wine, water, preserves and brandy. Arrange pears, cut-side down in 20 cm (8-inch) round dish. Pour sauce over pears.

TO COOK BY SENSOR: Cover loosely with plastic wrap. Cook on Vegetables.

TO COOK BY TIME: Cover with plastic wrap. Cook at **MEDIUM** 7 to 12 minutes.

TO COMPLETE: After cooking, release plastic wrap. Let stand, covered, 5 minutes. To serve; baste pears with sauce. Remove cinnamon stick and cloves before serving.

6 servings

POIRES EN SAUCE AU VIN **S**

2	bâtons de cannelle	2
50 mL	de sucre	¼ de tasse
2 mL	de clous de girofle	½ c. à thé
1 mL	de zeste de citron	¼ de c. à thé
125 mL	de porto	½ tasse
25 mL	d'eau	2 c. à soupe
25 mL	d'abricots en conserve	2 c. à soupe
25 mL	de brandy d'abricot	2 c. à soupe
6	petites poires, coupées en moitiés, pelées et vidées	6

Mélanger la cannelle, le sucre, les clous de girofle, le zeste de citron, le porto, l'eau, les abricots en conserve et le brandy. Disposer les poires la partie coupée en dessous, dans un plat rond de 20 cm (8 po). Verser la sauce sur les poires.

CUISSON PAR SENSEUR: Couvrir sans serrer d'une pellicule plastique. Cuire à Vegetables.

CUISSON PAR LA DURÉE: Couvrir d'une pellicule plastique. Cuire à **"MEDIUM"** 7 à 12 minutes.

POUR COMPLÉTER: Après la cuisson, relâcher la pellicule plastique.
Laisser reposer, couvert, pendant 5 minutes. Arroser les poires de la sauce, enlever les bâtons de cannelle et les clous de girofle avant de servir.

6 portions

CHUNKY APPLESAUCE ▐S▌

1	kg	baking apples, peeled, cored and sliced (about 6 to 7)	2 lb
125	mL	sugar to taste	½ cup
50	mL	water	¼ cup
5	mL	cinnamon	1 tsp

Combine all ingredients in 2 L (8 cup) glass bowl.

TO COOK BY SENSOR: Cover with plastic wrap. Cook on Vegetables.

TO COOK BY TIME: Cover with waxed paper. Cook at **HIGH** 8 to 11 minutes, or until apples are tender; stir once.

TO COMPLETE: Let stand, covered, 7 minutes. Mash apples until chunky; serve warm or chilled.

1 L (4 cups)

SAUCE AUX POMMES ▐S▌

1	kg	de pommes à cuire, pelées, vidées et tranchées (environ 6 à 7)	2 lb
125	mL	de sucre (au goût)	½ tasse
50	mL	d'eau	¼ de tasse
5	mL	de cannelle	1 c. à thé

Mélanger tous les ingrédients dans un grand bol en verre de 2 L (8 tasses).

CUISSON PAR SENSEUR: Cuire à Vegetables.

CUISSON PAR LA DURÉE: Cuire à "HIGH" 8 à 11 minutes, ou jusqu'à ce que les pommes soient tendres. Remuer une fois durant la cuisson.

POUR COMPLÉTER: Laisser reposer, couvert, 7 minutes. Écraser les pommes et servir chaud ou froid.

1 L (4 tasses)

MINI CHEESECAKE

50	mL	butter	¼ cup
250	mL	graham cracker crumbs	1 cup
15	mL	sugar	1 tbsp
1		250 g package cream cheese	1
50	mL	sugar	¼ cup
1		egg	1
5	mL	vanilla	1 tsp
6		slices strawberries, kiwi, etc.	6

In a small microwavable bowl, melt butter at **HIGH** 20 to 40 seconds. Stir in crumbs and 15 mL (1 tbsp) sugar.
Use 6 microwavable custard cups or two 6 cup muffin pans. Line with paper liners. Divide crumb mixture among cups. With the back of a spoon press crumbs on bottom and sides. Soften cream cheese in microwaveable bowl at **MEDIUM-LOW** 1½ to 2 minutes. Beat cream cheese and remaining sugar until smooth. Beat in egg and vanilla. Divide among cups.
For custard cups cook at **MEDIUM** 3 to 5 minutes or until set.
For muffin pans, cook 6 at **MEDIUM** 1 to 1½ minutes. Repeat with second pan. Cool. Place slice of fruit on each cake for serving.

6 or 12 servings.

GÂTEAUX AU FROMAGE INDIVIDUELS

50	mL	de beurre	¼ de tasse
125	mL	de chapelure Graham	½ tasse
15	mL	de sucre	1 c. à thé
1		paquet de fromage à la crème de 250 g	1
50	mL	de sucre	¼ de tasse
1		œuf	1
5	mL	de vanille	1 c. à thé
6		tranches de fraises, kiwi, etc.	6

Dans un petit bol pour micro-ondes, faire fondre le beurre à "HIGH" 20 à 40 secondes. Incorporer la chapelure et 15 mL (1 c. à soupe) de sucre.
Utiliser 6 moules à flan pour micro-ondes ou deux moules de 6 muffins garnis de coupes en papier. Répartir la préparation de chapelure et bien tasser au fond et sur les côtés avec l'endos d'une cuillère. Dans un bol pour micro-ondes, faire ramollir le fromage à **MEDIUM-LOW"** 1½ à 2 minutes. Battre le fromage et le reste du sucre. Incorporer l'œuf et la vanille. Verser également dans les moules. Pour les moules à flan, cuire à "MEDIUM" 3 à 5 minutes ou jusqu'à ce que le centre ait pris. Pour 6 moules à muffins, cuire à "MEDIUM" 1 à 1½ minute. Répéter pour les 6 autres moules. Laisser refroidir. Garnir de fruits avant de servir.

6 ou 12 portions

COCONUT LEMON MERINGUE PIE

375 mL	sugar	1½ cups
75 mL	cornstarch	⅓ cup
1 mL	salt	¼ tsp
375 mL	boiling water	1½ cups
3	eggs, separated	3
125 mL	lemon juice	½ cup
50 mL	butter or margarine	3 tbsp
	Grated rind of 1 lemon	
1	23 cm (9-inch) pie shell, baked	1
75 mL	sugar	⅓ cup
50 mL	toasted coconut	¼ cup

In 3 L (12 cup) casserole, combine 375 mL (1½ cups) sugar, cornstarch and salt; stir in boiling water. Cover with lid. Cook at **MEDIUM-HIGH** 10 to 12 minutes, or until thickened. Stir a small amount of hot mixture into egg yolks; return to hot mixture, beating until well blended. Add lemon juice, butter and lemon rind. Pour into pie shell; set aside. Meanwhile, beat egg whites until soft peaks form, gradually add remaining sugar and beat until stiff. Spread meringue over filling, making sure it touches crust all around. Sprinkle with coconut. Cook at **HIGH** 3 to 4 minutes, or until meringue is set. Cool completely.

8 servings

TARTE MERINGUÉE AU CITRON ET À LA NOIX DE COCO

375 mL	de sucre	1½ tasse
75 mL	de fécule de maïs	⅓ de tasse
1 mL	de sel	¼ de c. à thé
375 mL	d'eau bouillante	1½ tasse
3	œufs, séparés	3
125 mL	de jus de citron	½ tasse
50 mL	de beurre ou de margarine	3 c. à soupe
	Le zeste râpé d'un citron	
1	croûte de tarte de 23 cm (9 po), cuite	1
75 mL	de sucre	⅓ de tasse
50 mL	de noix de coco, grillée	¼ de tasse

Dans un faitout de 3 L (12 tasses) avec couvercle, mélanger 375 mL (1½ tasse) de sucre, la fécule de maïs et le sel. Y verser l'eau bouillante. Couvrir et cuire à **"MEDIUM-HIGH"** 10 à 12 minutes, ou jusqu'à ce que le mélange ait épaissi. Verser un peu du mélange chaud dans les jaunes d'œufs et remuer. Verser dans le faitout. Battre pour obtenir un mélange homogène. Incorporer le jus de citron, le beurre et le zeste. Verser dans la croûte de tarte et mettre de côté. Entre-temps, battre les blancs d'œufs en neige mi-ferme. Ajouter graduellement le reste du sucre et battre pour obtenir un mélange ferme. Étendre la meringue sur la tarte en s'assurant qu'elle touche à la croûte, tout autour. Saupoudrer de noix de coco. Cuire à **"HIGH"** 3 à 4 minutes, ou jusqu'à ce que la meringue soit ferme. Laisser refroidir complètement.

8 portions

PEACH JAM

1 L	sliced, peeled fresh peaches [about 1.5 kg (3 lb)]	4 cups
1.75 L	sugar	7 cups
50 mL	lemon juice	¼ cup
85 mL	liquid pectin	3 oz

In 4 L (16 cup) glass bowl, thoroughly combine peaches, sugar and lemon juice. Cook at **HIGH** 8 to 10 minutes, or until mixture comes to a full boil; stir occasionally during the first 5 minutes. Cook at **HIGH** an additional 1 minute. Stir in pectin and skim off any foam; stir and skim foam for about 7 minutes. Ladle into sterilized jars; seal lids and rings.

1.75 L (9 cups)

Note: Do not melt paraffin in your microwave oven.

CONFITURE DE PÊCHES

1 L	de pêches fraîches, pelées et tranchées [environ 1,5 kg (3 lb)]	4 tasses
1,75 L	de sucre	7 tasses
50 mL	de jus de citron	¼ de tasse
85 mL	de pectine liquide	3 oz

Dans un bol en verre de 4 L (16 tasses), bien mélanger les pêches, le sucre et le jus de citron. Cuire à **"HIGH"** 8 à 10 minutes, ou jusqu'à grande ébullition. Remuer à quelques reprises durant les 5 premières minutes de cuisson. Cuire à **"HIGH"** 1 minute de plus. Incorporer la pectine en remuant et bien écumer. Remuer et écumer durant environ 7 minutes. Verser, à la louche, dans des bocaux stérilisés. Sceller avec les couvercles et les bagues vissées.

1,75 L (9 tasses)

Remarque: Ne pas faire fondre la paraffine au four micro-ondes.

ZUCCHINI NUT BREAD

250 mL	all-purpose flour	1 cup
125 mL	whole wheat flour	½ cup
10 mL	ground cinnamon	2 tsp
5 mL	baking soda	1 tsp
2 mL	salt	½ tsp
2 mL	baking powder	½ tsp
2 mL	ground nutmeg	½ tsp
125 mL	chopped nuts	½ cup
250 mL	packed brown sugar	1 cup
125 mL	oil	½ cup
2	eggs	2
5 mL	vanilla	1 tsp
375 mL	shredded zucchini	1½ cups

Mix all-purpose flour, whole wheat flour, cinnamon, baking soda, salt, baking powder and nutmeg. Stir in nuts; set aside. In large bowl, with electric mixer at high speed, beat brown sugar, oil, eggs and vanilla for 2 minutes; stir in zucchini. Add flour mixture. Stir only until flour is moistened. Line the bottom of 22×13 cm (9×5-inch) loaf dish with waxed paper. Spoon batter into dish. Shield ends of dish with 7 cm (3-inch) strip of foil; mold foil around dish. Cook at **LOW** 10 minutes; remove foil strips. Cook at **MEDIUM-HIGH** 5 to 6 minutes, or until top is dry and toothpick inserted in center comes out clean. Let stand 15 minutes. Invert and remove waxed paper, let stand until cool. Store, covered, until ready to serve.

1 loaf

PAIN AUX NOIX ET AUX COURGETTES

250 mL	de farine tout-usage	1 tasse
125 mL	de farine de blé entier	½ tasse
10 mL	de cannelle	2 c. à thé
5 mL	de bicarbonate de soude	1 c. à thé
2 mL	de sel	½ c. à thé
2 mL	de levure chimique	½ c. à thé
2 mL	de muscade	½ c. à thé
125 mL	de noix hachées	½ tasse
250 mL	de cassonade, tassée	1 tasse
125 mL	d'huile	½ tasse
2	œufs	2
5 mL	d'essence de vanille	1 c. à thé
375 mL	de courgettes râpées	1½ tasse

Mélanger la farine tout-usage, la farine de blé entier, la cannelle, le bicarbonate de soude, le sel, la levure chimique et la muscade. Incorporer les noix et mettre de côté. Dans un grand bol et à l'aide d'un batteur électrique, mélanger à haute vitesse la cassonade, l'huile, les œufs et l'essence de vanille durant 2 minutes. Ajouter les courgettes. Ajouter la farine et mélanger jusqu'à consistance humide. Recouvrir le fond d'un moule à pain de 22×13 cm (9×5 po) de papier ciré. Y verser la pâte. Protéger les coins avec des bandes de papier d'aluminium de 7 cm (3 po). Cuire à **"LOW"** 10 minutes puis retirer les bandes de papier d'aluminium. Poursuivre la cuisson à **"MEDIUM-HIGH"** 5 à 6 minutes, ou jusqu'à ce qu'un cure-dent, inséré près du centre, en ressorte propre. Laisser reposer, 15 minutes. Renverser et retirer le papier ciré. Laisser refroidir. Se conserve couvert jusqu'au moment de servir.

1 pain

BRAN MUFFINS (refrigerator)

750 mL	BRAN cereal	3 cups
250 mL	boiling water	1 cup
125 mL	vegetable oil	½ cup
125 mL	molasses	½ cup
125 mL	sugar	½ cup
2	eggs	2
500 mL	buttermilk	2 cups
625 mL	whole wheat flour	2½ cups
15 mL	baking soda	1 tbsp
2 mL	salt	½ tsp
375 mL	raisins	1½ cups

Prepare batter the night before use. Put cereal in a large bowl and cover with boiling water. In a separate bowl combine oil, molasses, sugar and eggs. Beat well. Add buttermilk to cereal. Add remaining dry ingredients. Add liquid ingredients and stir until just combined. Cover tightly and refrigerate. Line or grease a 6 cup muffin pan. Cook at **MEDIUM** 3 minutes and **HIGH** 2 minutes or until tests clean with a wooden pick. For one muffin cook at **MEDIUM** 45 to 55 seconds. Batter will keep refrigerated one week or frozen two months.

2 dozen

MUFFINS AU SON (au réfrigérateur)

750 mL	de céréales de son	3 tasses
250 mL	d'eau bouillante	1 tasse
125 mL	d'huile végétale	½ tasse
125 mL	de mélasse	½ tasse
125 mL	de sucre	½ tasse
2	œufs	2
500 mL	de babeurre	2 tasses
625 mL	de farine de blé entier	2½ tasses
15 mL	de bicarbonate de soude	1 c. à soupe
2 mL	de sel	½ c. à thé
375 mL	de raisins secs	1½ tasse

Préparer le mélange une journée à l'avance. Mettre les céréales dans un grand bol et y verser l'eau bouillante. Dans un autre bol, bien mélanger l'huile, la mélasse, le sucre et les œufs. Ajouter le babeurre aux céréales. Incorporer le reste des ingrédients secs. Ajouter les ingrédients liquides et mélanger jusqu'à consistance humide. Couvrir hermétiquement et réfrigérer. Garnir un moule à six muffins de coupes en papier ou le graisser. Cuire à **"MEDIUM"** 3 minutes puis à **"HIGH"** 2 minutes ou jusqu'à ce qu'un cure-dent, inséré près du centre, en ressorte propre. Pour un muffin, cuire à **"MEDIUM"** 45 à 55 secondes. Le mélange se conserve une semaine au réfrigérateur et deux mois au congélateur.

2 douzaines

CARROT SPICE CAKE

300 mL	flour	1¼ cups
250 mL	packed brown sugar	1 cup
5 mL	baking powder	1 tsp
5 mL	baking soda	1 tsp
10 mL	cinnamon	2 tsp
2 mL	allspice	½ tsp
2 mL	salt	½ tsp
300 mL	shredded carrot	1¼ cups
150 mL	oil	⅔ cup
2	eggs	2
1	227 mL can of crushed pineapple, drained	1
5 mL	vanilla	1 tsp
125 mL	chopped nuts	½ cup
50 mL	raisins	¼ cup

In large bowl, with electric mixer, combine flour, sugar, baking powder, baking soda, cinnamon, allspice, salt and carrot. Stir in oil, eggs, pineapple and vanilla and beat 2 minutes at medium speed. Stir in nuts and raisins. Pour batter into a greased 2.5 to 3 L (10 to 12 cup) fluted tube dish.
Cover with waxed paper. Cook at **MEDIUM** 10 to 12 minutes, or until toothpick inserted near center comes out clean.
Let stand, uncovered, 10 minutes. Store, covered, until ready to serve.

8 servings

GÂTEAU AUX CAROTTES ET AUX ÉPICES

300 mL	de farine	1¼ tasse
250 mL	de cassonade, tassée	1 tasse
5 mL	de levure chimique	1 c. à thé
5 mL	de bicarbonate de soude	1 c. à thé
10 mL	de cannelle	2 c. à thé
2 mL	de piment de la Jamaïque	½ c. à thé
2 mL	de sel	½ c. à thé
300 mL	de carotte, râpée	1¼ tasse
150 mL	d'huile	⅔ de tasse
2	œufs	2
1	boîte d'ananas broyés, égouttée (227 mL)	1
5 mL	d'essence de vanille	1 c. à thé
125 mL	de noix hachées	½ tasse
50 mL	de raisins secs	¼ de tasse

À l'aide d'un batteur électrique, mélanger dans un grand bol, la farine, le sucre, la levure, le bicarbonate de soude, la cannelle, le piment de la Jamaïque, le sel et la carotte. Incorporer l'huile, les œufs, l'ananas et l'essence de vanille. Battre à vitesse moyenne pendant 2 minutes. Incorporer les noix et les raisins secs. Verser dans un moule en couronne de 2,5 à 3 L (10 à 12 tasses), graissé.
Couvrir de papier ciré. Cuire à "**MEDIUM**" 10 à 12 minutes, ou jusqu'à ce qu'un cure-dent, inséré près du centre, en ressorte propre.
Laisser reposer 10 minutes à découvert. Conserver, couvert, jusqu'au moment de servir.

8 portions

DEVIL'S FOOD CAKE

175 mL	sugar	¾ cup
75 mL	shortening	⅓ cup
1	egg	1
150 mL	hot water	⅔ cup
175 mL	flour	¾ cup
50 mL	unsweetened cocoa	¼ cup
2 mL	baking soda	½ tsp
2 mL	salt	½ tsp
2 mL	vanilla	½ tsp
1 mL	baking powder	¼ tsp

Cream sugar and shortening in large bowl, with electric mixer. Mix in egg, then water. Stir in remaining ingredients and blend until smooth. Pour batter into greased 20 or 23 cm (8 or 9-inch) round dish bottom lined with waxed paper. Cook at **MEDIUM-LOW** 10 minutes, cook at **HIGH** 2 to 3 minutes, or until toothpick inserted near center comes out clean. Turn ¼ after 5 minutes.
Let stand 10 minutes. Invert cake from dish and cool completely. Store covered.

1 layer

GÂTEAU AU CHOCOLAT

175 mL	de sucre	¾ de tasse
75 mL	de shortening	⅓ de tasse
1	œuf	1
150 mL	d'eau chaude	⅔ de tasse
175 mL	de farine	¾ de tasse
50 mL	de cacao non sucré	¼ de tasse
2 mL	de bicarbonate de soude	½ c. à thé
2 mL	de sel	½ c. à thé
2 mL	d'essence de vanille	½ c. à thé
1 mL	de levure chimique (poudre à pâte)	¼ c. à thé

Dans un grand bol, battre en crème le shortening et le sucre à l'aide d'un batteur électrique. Ajouter l'œuf puis l'eau. Incorporer le reste des ingrédients et remuer pour obtenir un mélange onctueux. Graisser le fond d'un moule rond de 20 ou 23 cm (8 ou 9 po). Garnir le fond de papier ciré.
Verser la pâte dans le moule. Cuire à "**MEDIUM-LOW**" 10 minutes, et poursuivre la cuisson à "**HIGH**" 2 à 3 minutes, ou jusqu'à ce qu'un cure-dent, inséré près du centre, en ressorte propre. Tourner ¼ de tour après 5 minutes. Laisser reposer 10 minutes. Démouler et laisser refroidir complètement. Se conserve couvert.

Gâteau à un étage

SPICY COCONUT BARS

150 mL	coconut	⅔ cup
2	eggs	2
125 mL	honey	½ cup
50 mL	butter or margarine	¼ cup
1 mL	nutmeg	¼ tsp
175 mL	flour	¾ cup
3 mL	baking powder	¾ tsp
1 mL	mace	¼ tsp
2 mL	cinnamon	½ tsp
2 mL	vanilla	½ tsp

Glaze:

25 mL	honey	2 tbsp
1 mL	cinnamon	¼ tsp

Toast coconut at **HIGH** 4 to 6 minutes in a small dish, stir twice. Combine eggs, honey, butter and vanilla, beat until blended. Stir in dry ingredients and coconut. Pour into greased 20 cm (8-inch) square or round cake dish. Cover with waxed paper. Cook at **MEDIUM-HIGH** 4 minutes, until dry. Combine ingredients for glaze and heat at **HIGH** 20 seconds; pour over squares. Sprinkle with coconut if desired. Cool 15 minutes. Cut in bars.

16 bars

Variations: Island Style; add 50 mL (¼ cup) chopped dried pineapple and 1 mL (¼ tsp) ginger.

Festive: add 50 mL (¼ cup) chopped, candied peel.

BARRES ÉPICÉES À LA NOIX DE COCO

150 mL	de noix de coco	⅔ de tasse
2	œufs	2
125 mL	de miel	½ tasse
50 mL	de beurre ou de margarine	¼ de tasse
1 mL	muscade	¼ de c. à thé
175 mL	de farine	¾ de tasse
3 mL	de levure chimique	¾ de c. à thé
1 mL	de macis	¼ de c. à thé
2 mL	de cannelle	½ c. à thé
2 mL	de vanille	½ c. à thé

Glaçage:

25 mL	de miel	2 c. à soupe
1 mL	de cannelle	¼ de c. à thé

Dans un petit bol, faire rôtir la noix de coco à "**HIGH**" 4 à 6 minutes. Remuer à deux reprises. Mélanger les œufs, le miel, le beurre et la vanille. Ajouter les ingrédients secs et la noix de coco. Verser dans un moule carré de 20 cm (8 po) graissé ou dans un moule rond. Couvrir de papier ciré. Cuire à "**MEDIUM-HIGH**" 4 minutes. Mélanger les ingrédients pour le glaçage et cuire à "**HIGH**" 20 secondes et server sur les barres. Parsemer de noix de coco, si désiré. Refroidir 15 minutes. Couper en barres.

16 barres

Variantes: À la mode des îles; Ajouter 50 mL (¼ de tasse) d'ananas confits hachés et 1 mL (¼ de c. à thé) de gingembre.

Pour les fêtes: Ajouter 50 mL (¼ de tasse) de fruits confits hachés.

CHOCOLATE BROWNIES

125 mL	shortening	½ cup
250 mL	sugar	1 cup
2	eggs	2
45 mL	water	3 tbsp
175 mL	flour	¾ cup
75 mL	cocoa	⅓ cup
1 mL	salt	¼ tsp
2 mL	baking powder	½ tsp
125 mL	chopped nuts or chocolate chips (optional)	½ cup

Cream shortening with sugar in a medium bowl. Beat in eggs, then water and vanilla. Stir in dry ingredients and beat until smooth. Stir in nuts or chips. Pour batter into a greased 23 cm (9-inch) square pan. Cook at **MEDIUM-HIGH** 6 minutes then **HIGH** 2 to 4 minutes or until wooden pick inserted near centre comes out clean. Cover with waxed paper and cool completely. Cut in squares.

16 squares

BROWNIES

125 mL	de shortening	½ tasse
250 mL	de sucre	1 tasse
2	œufs	2
45 mL	d'eau	3 c. à soupe
175 mL	de farine	¾ de tasse
75 mL	de cacao	⅓ de tasse
1 mL	de sel	¼ de c. à thé
2 mL	de levure chimique	½ c. à thé
125 mL	de noix hachées ou de grains de chocolat (facultatif)	½ tasse

Dans un bol moyen, battre en crème le shortening et le sucre. Incorporer les œufs, puis l'eau et la vanille. Bien mélanger et ajouter les ingrédients secs. Ajouter les noix ou le chocolat. Verser dans un moule carré de 23 cm (9 po), graissé. Cuire à "**MEDIUM-HIGH**" 6 minutes puis à "**HIGH**" 2 à 4 minutes, ou jusqu'à ce qu'un cure-dent inséré près du centre, en ressorte propre. Couvrir de papier ciré et laisser refroidir complètement. Couper en carrés.

16 carrés

Index

Index

Printed in Japan
(5540CP) 91. 6.③⓪